Ludwig Wirth

Der Stil der Oster- und Passionsspiele

bis zum 15. Jahrhundert

Ludwig Wirth

Der Stil der Oster- und Passionsspiele
bis zum 15. Jahrhundert

ISBN/EAN: 9783744621632

Hergestellt in Europa, USA, Kanada, Australien, Japan

Cover: Foto ©Lupo / pixelio.de

Weitere Bücher finden Sie auf **www.hansebooks.com**

Inhalt.

	Seite
Verhältnis der „Spielleute, clerici vagantes" u. s. w. zu den geistlichen Spielen	1
Pilatus	5
Die Ritter	7
Eigenschaften, Fähigkeiten u. s. w. der Ritter	7
Formelhafte Wendungen in bezug auf Gefahr, Leben und Tod	11
Höfische Elemente. Frauen und Frauendienst	12
Boten	13
Beteuerungen der Wahrheit und der Erzählung	13
Reden und Handlungen mit kurzen Sprüchen und dergl. begleitet	14
Typische Ausdrucksweisen zur Einleitung, Verbindung und Schluſs der Rede	14
Formelhaft (paarweise) verbundene Substantive, Adjektive etc. zur Bezeichnung der Gesamtheit	17
Zeitbestimmungen	17
Die Krämerscenen	18
Ursprüngliche Scene	18
Nachspiel	20
Vorspiel	21
Die Frau des Krämers	23
Rubin	24
Rubin ein Spielmann	26
Die Knechte Rubins	29
Teufelsscenen und Teufelsspiele	29
Das Komische in den geistlichen Spielen	40
Vermummungen, Masken, Witze, Späſse, Scherze, Spöttereien	40
Allerlei Mittel zur Erregung der Heiterkeit: Komische Ausdrücke, Gesang und Tanz, Gesänge der Juden, Höllentanz, Tanz Lucifers, Belohnungen und Strafen der Teufel u. s. w.	42
Verdrehung fremder Sprachen und Wörter	43
Anreden an das Publikum	44
Rohheiten, Zoten, Flüche, Scheltworte	44

	Seite
Satire und Parodie	45
Die Ritter	45
Petrus und Johannes	47
Handwerker, Geschäftsleute u. s. w.	48
Die Teufel	49
Judas Ischariot. Schlechtes Geld	50
Parodieen	50
Maria Magdalenascenen	51
Ergebnis	58
Verzeichnis der behandelten Spiele	66

Einleitung.

Verhältnis der „Spielleute, clerici vagantes" u. s. w. zu den geistlichen Spielen.*)

Nach dem Übergang der lateinischen Osterfeiern in die Osterspiele drang sehr rasch eine Menge weltlicher Elemente in die geistlichen Spiele ein.

Wer hat diese denn eingeführt, oder mit andern Worten, von welchen Verfassern rühren solche Stücke her? — Ich glaube, dafs sie Produkte der Spielleute, der clerici vagantes und dergl. Leute sind.

Das Leben und die Dichtungen dieser Leute sind genugsam bekannt. Ich hebe daher hier nur dasjenige hervor, was meiner Behauptung als Beweis dienen kann. Die Spielleute scheinen schon sehr frühe aufser ihren gewöhnlichen Künsten und Kunststücken auch mit theatralischen Vorstellungen aufgetreten zu sein, daher die Bezeichnung „mimi, scenici." Schon 816 wird den Geistlichen verboten, Schauspielen auf der Bühne oder bei Hochzeiten beizuwohnen: quibuscunque spectaculis in scenis aut nuptiis interesse. Andererseits verbieten die Geistlichen den Laien Schenken und Schauspiele zu besuchen. Vergl. Scherer, Geschichte der deutschen Dichtung im 11. und 12. Jahrhundert, S. 17, woselbst auch die Belege; Wackernagel, Geschichte d. d. Litteratur 2. Aufl. 383. Anmerk. 24.

Welcher Art Schauspiele damit gemeint sind, läfst sich kaum ermitteln. Man vermutet Puppenspiele und andere mimische Vorstellungen. Vergl. Weinhold, die deutschen Frauen I, 393 f.;

---

*) Mit Zustimmung der hochlöblichen philos. Fakultät wurde aus einer gröfseren Arbeit über — die Oster- u. Passionsspiele bis zum 15. Jahrhundert inclus. — der letzte Abschnitt derselben als Dissertation gedruckt.

Vieles, was im folgenden als Behauptung u. s. w. hingestellt wird, wurde in den vorausgehenden Abschnitten eingehend erörtert und erwiesen. Die Rückverweisungen darauf, sowie anderes der Art mufste jedoch in diesem besondern Abdruck getilgt werden, — was alles bei dem Erscheinen des Ganzen wiederhergestellt werden soll.

II, 139.*) Das reiche Repertoire, ihre dichterische Thätigkeit, welches die Carmina Burana darbieten, zeigt, dafs sie sich aber auch mit kirchlichen Spielen beschäftigten.

Das freie, lockere, lustige Leben, das leichte, halbkünstlerische Treiben der Spielleute verlockte seit dem 12. Jahrh. bekanntlich manche leichtsinnigen Kleriker sich ihnen anzuschliefsen. (Weinhold a. a. O. II, 140 ff.) Dies waren die sogen. clerici vagantes, clerici vagi, scholastici, scholares vagantes. Sie bildeten sozusagen die Gelehrten unter den Fahrenden. Sie besafsen etwas gelehrte Bildung, verstanden Latein; der kirchliche Dienst hatte ihnen auch Musik und geistliche Litteratur nahe gebracht. Alle diese Kenntnisse und Fertigkeiten benützten sie, um sich selbst und andere zu belustigen. Sie dichteten lateinisch, deutsch, mischen im Scherz und Ernst Deutsch und Latein und erregen damit bei dem höher stehenden Publikum manchen Beifall (vgl. Carmina Burana). Allmählich erweitern sie ihre dichterische Thätigkeit, jeder Stoff ist ihnen recht, alles ziehen sie in den Kreis ihres Scherzes, Spottes, Weltliches und Geistliches. Sie verfassen lächerliche Parodien aus kirchlichen Hymnen, Sequenzen, Gebeten, Legenden etc. Sie drangen sogar in die Kirchen ein, um beim Gottesdienste dergleichen freche Scherze abzusingen. Die Trierer Synode nahm 1277 deshalb einen eignen Kanon auf, der also lautet:

„Ferner befehlen wir, dafs die Priester nicht zugeben, dafs die Trutanen und andere fahrende Schüler oder Goliarden Verse singen über das Sanctus u. Agnus Dei, oder sonst bei der Messe oder gottesdienstlichen Handlungen, weil dadurch der Priester meist immer im Kanon gestört wird und die Zuhörer ein Ärgernis daran nehmen." Hoffmann, Gesch. d. deutschen Kirchenliedes 371. Koberstein, Grundrifs. 6. Aufl. 57. Anmerk. 6.

Dieser Synodalbeschlufs kann aber auch noch anders aufgefafst werden, wie sich gleich zeigen wird. Ich kann mir kaum denken, dafs die Goliarden etc. in die Kirchen gedrungen seien, lediglich um dort den Gottesdienst zu stören etc.; man hätte sie gewifs einfach hinausgeworfen, aufserdem hätten sie durch solche Handlungen sich selbst den gröfsten Schaden zugefügt. Man wird ihr Auftreten in der Kirche wohl richtiger auf ihre Mitwirkung bei dramatischen Aufführungen zurückführen, wovon sie dann Mifsbrauch machten.

Der Beifall, den die dramatischen Aufführungen in den Kirchen bei dem Volke fanden, mufste notwendig auch die Aufmerksamkeit der Vaganten erregen, denn sie waren ja teilweise

---

*) Wackernagel, Geschichte d. d. Litteratur. 2. Aufl. 382. Anmerk. 7. 8.

Schauspieler von Beruf. Wenn es ihnen gelänge dabei mitzuwirken, oder sie ganz in ihre Hände zu bekommen, welches Kapital liefse sich daraus schlagen? Dieser Gedanke liegt so vor der Hand, dafs er auch bei den Spielleuten aufgestiegen sein mufs. Dafs sie dies Ziel erreichten, ist gewifs, aber wie sie es erreichten, das ist im einzelnen schwer zu beweisen, da uns dazu sichere Belege fehlen. Mich dünkt, dafs es auf folgende Weise geschehen sein mag:

Es ist bekannt, dafs bei den geistl. Spielen aufser den Klerikern schon früher Laien mitwirkten. Belege in Wackernagels Gesch. d. d. Litteratur 392 f., 381 f. Da die Vaganten mit vielen Geistlichen immerhin auf gutem Fufse standen, da sie ja auch Latein verstanden, so kann es ihnen nicht schwer gefallen sein, als Mitspieler hie und da Zulassung zu finden, um so mehr, da sie doch brauchbarer waren, als die gewöhnlichen Bürger. (Vergl. auch Wackernagel a. a. O. 383. Anmerk. 22.) Wenn sie sich auch anfangs ernsthaft gehalten haben mögen, so machte sich ihre Neigung zu Scherz und Spafs doch bald bemerklich. Vermutlich haben sie durch solche improvisierte Späfse, ferner durch Tragen von Masken bald die Heiterkeit des Publikums und. den Zorn der Synoden erregt, so dafs letztere nicht nur die geistlichen Spiele in den Kirchen verbieten, sondern auch den Geistlichen nicht mehr gestatten daran teilzunehmen. Hierauf beziehe ich den schon oben erwähnten Trierer Synodalbeschlufs; einige andere Belege sind noch folgende:

Synode von Utrecht 1293: Idem ludos theatrales, spectacula et larvarum ostentiones in ecclesiis et cimeteriis fieri prohibemus. Synodus Dioce. Ultraj. de a. Harzheim T. IV. S. 17.

Vom Jahre 1210. Interdum ludi fiunt in ecclesiis theatrales, et non solum ad ludibriorum spectacula introducuntur in eis monstra larvarum, verum etiam in aliquibus festivitatibus diaconi ac subdiaconi insaniae suae ludibria exercere praesumunt, mandamus, quatenus, ne per hujusmodi turpitudinem ecclesiae inquietetur honestas etc. etc. Decret. Gregorii lib. III. tit. 1; vgl. Fundgrub. II, 242. Trierer Kirchenversammlung v. J. 1227.

Item non permittant sacerdotes ludos theatrales fieri in ecclesia et alios ludos inhonestos. Harzheim T. III, 529.

Wormser Synode v. J. 1316. In ecclesia ludi fiunt theatrales et non solum in ecclesia introducuntur monstra larvarum etc. Harzheim concil. German. IV, 257; vgl. auch Gosche Jahrbuch I, 31. — Verbot des Erzbischofes von Gnesen v. J. 1326.

Clerici — non spectaculis, non pompis intersint, joculatoribus, histrionibus, goliardis et buffonibus non intendant, nullaque eis sub poena excommunicationis dona tribuant. Fundgr. II, 243. U. a. m.

Man sieht, die Verbote mufsten über 100 Jahre fortwährend wiederholt werden, um einigen Erfolg zu haben. Die Spiele wurden also aus der Kirche verbannt und die Geistlichen mufsten auf die Mitwirkung verzichten. (Vergl. auch Koberstein, Grundrifs, 6. Aufl. 383. Anmerk. 4.) Nur manche Mönche und Klosterschüler scheinen trotz aller Verbote bei Aufführungen noch vielfach mitgewirkt zu haben.

Die Spielleute, Vaganten hatten jetzt ihr Ziel erreicht; das aus der Kirche vertriebene Drama geriet nun in ihre Hände. Vgl. auch Fundgrub. II, 240 Anmerk. 2; Koberstein, Grundrifs 383.

Sie sorgten dafür, dafs das Interesse des Volkes für die geistl. Spiele sich noch steigerte, indem sie ihrem eignen Hang und der Schaulust des Volkes folgend die Stücke entsprechend bearbeiteten. Sie haben die weltlichen Elemente, die humoristisch-satirischen Tendenzen eingeführt, die wir bereits kennen gelernt haben. Dies will ich jetzt noch näher beweisen, indem ich auf die **sprachlichen Eigentümlichkeiten**, überhaupt auf den Stil jener Stücke u. a. Eigenheiten eingehe. Wir werden dabei sehen, dafs die meisten sprachlichen und stilistischen Eigentümlichkeiten auch von den spätern Verfassern geistlicher Spiele, von den **Meistersingern** und **Schulmeistern** beibehalten wurden, so dafs Charakter und Form vieler Scenen sich traditionell fortpflanzten. Als Produkte der Spielleute, Vaganten etc. stellen sich folgende Spiele dar:

Das **Benediktb.** u. **Wiener** Passionsspiel; das **Innsbruker Wiener**, **Sterzinger** Osterspiel u. alle **Erlauer Spiele**. — Das **Redentiner** Osterspiel ist wohl eine Dichtung der **Meistersinger** oder **Schulmeister**, obwohl es den ebengenannten in fast allen Hinsichten gleich ist. Die sprachlichen, stilistischen und sonstige Eigenheiten der Spielleute, Vaganten traten speziell in folgenden Scenen besonders hervor:

1) in allen Scenen, in welchen **Pilatus** und seine **Ritter** auftreten,
2) in den **Krämerscenen**,
3) in den **Teufelsspielen** und endlich
4) in den Scenen der **Maria Magdalena**.

Jede dieser Scenen werde ich nun näher behandeln.

Pilatus.

Pilatus wird nach germanischer Sitte als ein Fürst des Mittelalters dargestellt. In vielen Spielen hält er, umgeben von seinem Gefolge einen stattlichen Einzug und kündigt oft unter humoristischen Äußerungen seine Absicht an einen Gerichtstag zu halten (oder Audienz zu erteilen) vgl. Innsbr. 40—45; Wien O. Sp. 299, 1ff.; Erlau V 5—8, 73—74; Sterzing 145, 5—6; Pichler: Über das Drama d. Mittel. in Tirol S. 17; Redentin 119—124; Alsfeld 1275—88, 1837—27.

Er wird ehrerbietig begrüßt und als „her oder konig" angeredet (er selbst grüßt andere mit dem deutschen Gruß).

Pylate, edeler konig fry daz dir salde wone by;	Innsbr. 70—71; 41, 114. vgl. Alsfeld 4024, 4418 etc.
Pilate, lieber herre, wir sullen dir erbieten ere, dich grüßen alle juden kint, die alhie gesammelt sint.	Wien O. Sp. 300, 8—11.
Genade, here konink! Got grote di, Pilatus here.	Redentin 901; 905. 41. 1000—1603.
Pilate, chunig hochgeborn got hat dich selb auz erchorn etc.	Erlau V, 9—14; vgl. Erlau IV, 51, 68, 89 etc.

Die Anrede mit „her" findet sich in allen Oster- und Passionsspielen.

Seine Herrschaft erstreckt sich weithin.

An seinem Hofe befinden sich Ritter und Knappen, an seiner Huld ist den Rittern viel gelogen, da er ihnen reichen Sold, auch Lehen gewährt; unwürdige Ritter werden vom Hofe weggejagt, untreue Knechte bestraft.

Es ist ein herr uber alle die lant seine herschaft ist weite bekant.	Wien O. Sp. 298, 32—33; vgl. Erlau V, 6.
Daz müssen selzen geste sein! waz sucht ir uf dem hofe mein?	Wien 300, 16—17; vgl. 300, 25; 301, 1—4; 308, 28—309, 3.
Herr, nempt hin schon paide zepter und auch chron in eur chunichleich hent.	Erlau V, 15—17.
Pilate, lieber herre mein, tu uns deine hulfe schein mit deinen rittern, die du hast hie uf disem pallast.	Wien 301, 1—4.

Ir seit der groston herren ein,
den die sonne ie uberschein. } id. 298, 38—39.

Nu horet, ir ritter und ir knechte,
ir sullet mich merken rechte. — } id. 302, 1—2; Alsfeld 878 f. 762 f.

Herr, las an den willen dein
das die ritter dein
darumb nempmen unser gut. } Erlau V, 105—108.

Ik wil mit truwen unde mit eren
denen Pilatuse mine heren. — } Redentin v. 105—106.

Gevet doch rat, mit welken eren
moge wi komen for usen heren? } id. 789—90.

Hebbe-gi Pilatuses hulde lef
so nemet mit ju desen bref —
und segget eme dar mede
usen denst und frede. } id. 983—88. 989—90; 1001—1002.

Weset mine truwen man
und bezittet fortmer an
juwe got un juwe lant } id. 1011—13; vgl. 963; 105 f.; 147 f.

ferner zahlreiche Stellen noch im Redentiner O. Sp. 1009—10; 1006—8; 119—124; Erlau V, 105 f.; 109 f.; 113 f.; Sterzing 144, 17; 145, 7—8; Alsfeld 5420, 6875—78; 7009—11; 7369—70; Donaueschingen 2029—40 u. a.

Knappen werden erwähnt: Redentin 883—885. Innsbr. 46, 82, 92, 103 (servus, bote); Erlau V, 15 (servus); Alsfeld 3728, 5740—45, 6957 ff. (servus).

Er (Pilatus) tet uns eine grofse schand
und hing uns alle fünf zu hand. } Sterzing 145, 7—8.

Ich mag euchs nicht vergeben;
ich wil euch in den charcher legen. } Erlau V, 476—77.

Lastu ene di untaliken,
ut deme lande schaltu mi wiken. } Redentin 129—30. 795.

Hir is forloren got und ere,
des moge wi uns wol schemen sere. } idem 771—72; Alsfeld 7365 f.

Myt schanden mote gy mynen hof rumen. Redentin 970.

Sittet neder, lat ju den dumen ten. Redentin 954.

Men scholde ju maken en fingerbat,
dat gi slepen an deme grave;
men scholde ju mit kenape laven. } id. 942—44.

Nu hebbe wi got und ere forloren,
nu haldet men us jo mer for doren;
war men andere riddere priset
dar werdet wi mit fingeren wiset. } id. 963—66.

Das Redentiner Spiel führt den Vergleich mit einem mittelalterl. Fürsten noch weiter. Wie die meisten jener Fürsten kann Pilatus nicht losen und hält sich deshalb einen Schreiber v. 985. 993 ff. — Ganz auf dieselbe Weise wie hier Pilatus, so wird in den Passionsspielen auch Herodes dargestellt, vgl. Alsfeld v. 730. 776 f.; 790—95; 901; 958 f.; 992 f.; 878 ff.; 4160; 4144; (rogulus 2105 f.; 2111 ff.;) St. Gallen v. 941—60; vgl. Donaueschingen 2641 ff.

Die Ritter.

Die Ritter gehören, wie schon bemerkt, zum Gefolge, zum Hofe des Pilatus. Sie fühlen sich zwar ihrem Herrn zu Gehorsam verpflichtet, allein nach der Ansicht des Mittelalters mufs dieser doch durch „guot und êre", besonders durch „silber und golt" unterstützt werden. (Vergl. Vogt zu Salman u. Morolt, Einleitung CXXVII ff.). Wie in der epischen Spielmannspoesie der Fürst seinen Helden „grôze miete" verheifst, wenn er sie zum Kampfe auffordert, so wird auch hier stets „silber und golt" im voraus versprochen.

Ir heren, wult ir nemen solt,
beide silber und golt.   Innsbruck 132—33.

Wilt du tun nach meinem willen,
ich wil dich ewig machen reich,
also nie gelebet dein gleich,
von silber und von golde,
so wirstu haben meine holde. —   Wien O. Sp. 308, 28—309, 3.

Ik bin din frunt al sunder wan.
wes mir truwe unde holt,
ik wil di geven riken solt etc.   Redentin 143—48.

Dat gelt maket den helt springen.   133.

Sieh ferner die zahlreichen Stellen oben bei der Anwerbung der Grabwache.

Eigenschaften, Fähigkeiten etc. der Ritter.

Vergl. O. Jänicke: De dicendi usu Wolfram de Eschenbach. Vogt, Einleitung CLI zu Salman u. Morolt.

Moab, ein ritter wol gemeit   Wien O. Sp. 312, 23.
dafz die ritter warn gemeint.   Wien O. Sp. 312, 20.
Gi sint riddere wol gemeit
dure is ju de manheit.   Redentin 210 f. 945—46.

Ir stolzen ritter wole gemeit
wollent ir nu sin bereit.   St. Gallen 1240—41; vgl. 953 f., 1586 f., 19 f.

Vgl. ferner Alsfeld 920 f.; 6967 f.; Heidelberg 5962 f.; Eger 7378 f.; Erlau V, 65 f.; Frankf. Dirig. Nr. 248.

Und lye uns vyer ritter wol gemeit   Innsbr. 62—63.

Vergl. dazu Gernot, ein ritter küene unde gemeit Nibel. 145, 4. ritter vil gemeit Nibel. 13, 3; ir helde vil gemeit 157, 2; 131. 2; 225, etc.; Salman u. Morolt v. 73. u. a. m.

Wenn ich trit euch ritterlich vor.   Sterzing 143, 8.
wan wir sein frisch degen.   Sterzing 144, 11 = Fastnachtsp. S. 427, 2.

bin ich nicht ein ritterlich man. Sterzing 144, 26.
Wir sein fünf ritter helt }
von manigen rittern auserwelt. } Sterzing 148, 17 f.
Alles lob und alles gut, }
das ir seit ritter frut. } Erlau V, 260 f.
Wir wellen sein hoffleich pflegen. — Erlau V, 275.
Ir ritter hochgemut. Erlau V, 266 f., 334 f.
So pin ich auch unverzagt, }
ern hab ich vil wejagt }
in manigen frömden landen } Erlau V, 163 ff. vgl. Fastnachtsp. s. 360, 17 ff.
mit meinen ritterleichen handen. }
Ik bin ok en starke helt. — Redentin 103, Erlau V, 157.
Nu tredet for, gi konen recken. Redentin 115. 815.
Waket, riddere kone! riddere stolt. Redentin 205. 215.
Gi riddere unde gi fromen helde vgl. Redentin 859, 17, 18, 60, 262.
Wol uff, ir hilde und ir recken! }
bewart uff die scharpen ecken. } Alsfeld 6987 f.; vgl. 6895—6902.
Ir stolzen knaben; ir frechen helde. St. Gallen 703, 898. Vgl. Donaueschingen 3837 f.; 3327 f.

Die Grabwächter werden nicht nur als Ritter schlechthin dargestellt, sondern als ganz auserwählte Degen. Sie selbst halten sich für die besten der Besten. Niemand kann es mit ihnen aufnehmen, sogar der Teufel nicht. Ihre Tapferkeit, Rüstung, Waffen suchen ihresgleichen. Manche besitzen besonders berühmte Schwerter, die daher nach altgermanischer Sitte auch einen besonderen Namen haben. (Vgl. Germania IV, 136). Gern vergleichen sie sich mit Helden der Heldensage u. a., überhaupt werden sie nicht müde mit ihrer Tapferkeit, ihren Waffen u. s. w. zu prahlen. (Vergl. Thien, Übereinstimmende u. verwandte Motive in deutschen Spielmannsepen. 12 ff.)

1 Ich heifz ritter Wagsring. }
wo ich hor ein schwert klingen, } Pichler s. 45 v. 27—29.
darin bin ich gern der ein. }
2 So heifz ich der Helmschrott, }
ich füg auch wol zu solche not etc. } id. s. 46. v. 11—12.
3 Ik bin geheten Houweschilt }
unde wil hir gan sitten } Redentin 154—57.
mit mime freseliken swerde. }
4 Und kam halt von Bern der Dietreich }
oder jemand sein geleich: }
den wil ich auf dem feld fachen } Pichler s. 46 v. 15 ff.
und wil in auf den grint schlachen etc. }
Ich striden auch also gern }
als ie gethet Diedrich von Bern } Alsfeld 6929—30.

5 Ich bin gnant her Isengrin
  und hauwe umb mich als ein swin etc. } Alsfeld 6935 ff.

6 Das wil ich euch weisen mit kunig Karl,
  dem ich lang gedient hab etc. } Pichler s. 46 v. 28 ff.

7 So heifz ich Wagendrussel, ein ritter hochgeboren,
  aus manigen rittern auserkoren. } Pichler s. 47 v. 5 ff.

8 Min swert hetet Mummink
  unde loset panzer unde rink. } Redentin 137—38.

9 Min swert, dat hetet Klinge
  und is scarp recht so en swinge:
  dat ruschet lude an miner scheide etc. } id. 169 ff.

10a Mein schwert schrat die herte bein
   von dem haupt unz an den fus etc. } Pichler s. 45 v. 30 ff.

  b Ik woldeme dat ben beschelen
    he scholde en jar an der hassen kwelen. } Redentin v. 173—74.
    Ich schrot im in sein fleisch unz an das bein. Erlau V, 130. 151—152.

11 Und werstu halt in ein panzir vernät
   ich slug das von dir drät. } Sterzing 146, 13—14.
   Und wår ein panzir in im vernåt,
   ich slach in, das der tiefel auz im dråt } Erlau V, 171—72. 160—61.

12 Nu lange mir her daz swert min! Innsbr. 153.

13a Wenne ir vorwar keinen man
    torstet immer bestan. } Wien O. Sp. 310, 15—16.

  b Ich weifs in diesen landen nicht vier,
    die waren so kün man,
    die mich allein torsten greifen an. } Pichler s. 47 v. 20—22.

  c Er enlebt auf der erde zwar,
    der mich westan tar
    mit stechen, slahen und schiefzen etc. } Erlau V, 193 ff.; vgl. 137—140.; ebenso Alsfeld 6938; Pichler s. 45, 11 ff.

14a Und kam der teufl aus der hell
    und Satanas sein gesell,
    die wolt ich mit fechten bestan. } Pichler s. 47 v. 9—11.; vgl. Sterzing 146, 8 f. Erlau V, 125—26. 183 ff.

  b Vechtens pin ich ein held
    mit dem swert gegen wem ir welt;
    und sol ich paun immer die hell,
    es vecht mit mir wer nu well. } Erlau V, 130—35. 157 ff.

  c Der teufel mocht in nicht ernern;
    wider mich mag sich niemant wern. } id. 161—62.

15a Dem wil ichs beweisen übern grint,
    das ims blut übers maul rint. } Pichler s. 46 v. 5—6;

b Mit meinem swert auf eur grint,
dafz euch das blut über die votzen rint. } Sterzing 148, 1—2.
c Di slach ich auf irn grint,
das von in rint plut ein pach etc. } Erlau V, 178 ff.
16 Wie bistu so gar ein verzagter man,
hastu doch ein eiserne pfait an. } Sterzing 146, 5—6.
17 Bei der warheit mufz ich jechen,
dafz ich bessere harnasch nie hab gezehen
wenn mein platten und panzier. } Pichler s. 47, v. 17—19. 45, 3—4.
18 Mit meinem swert fewrein
wil ich rechen die grofze marter mein. } Erlau V, 363—64.
19 Mein schwert hat einen scharfen reif,
wen ich in zoren da mit wegreif,
der hat leib und leben verloren. } Pichler 45, 17—19.
20 Treibet ir der rede icht me,
euch wirt ein bose wetter besten. } Wien 310, 19 f.; vgl. Erlau V, 149 f.
21 Auch zweiget stille darzu
e wir euch niderslan als ein ku. } Wien O. Sp. 311, 17—18.
22 Ich bin sogar ein grimmiger man,
niemand mag mir gesigen an,
in strom und in streiten
tor mein niemand beiten etc. } Pichler 45, 11 ff.
23 Ich bin ein ritter wolgemut
ich wag er und mein gut. } Erlau V, 147 f. 834 f.; vgl. Alsfeld 6571 f.; Donaueech. 3837 f.

Diese und dergleichen prahlerischen Reden sind so zahlreich, dafs man ganze Seiten aus einem Stücke abschreiben müfste, wenn man sie alle zusammenstellen wollte. Sie finden sich hauptsächlich in Erlau V, v. 123 bis 200; Redentin v. 85—108. 131—194; Pichler s. 44—48; Sterzing s. 144 f; Wien 310, 17 ff.; — vgl. ferner Alsfeld 6935—38. 6943 f. 6947 f. 6895—6902. 6982—86. 7022 ff. u. a. m.; Donaueschingen 4001—8; Freiburg I, 1790 ff. 1802 ff.; II, 2122 ff.; Eger 7392 ff.

Die Phrasen und Wendungen für obige Prahlereien finden sich teilweise auch in den Fastnachtspielen, am häufigsten in dem Neithartspiel Nr. 21, besonders von S. 194 an, in Nr. 53, besonders von S. 398 an, und in No. 47. 67. — Vergl.

Belege zu Nr. 1—7.

Das tu ich Ötel Helmschrot etc. Fastnachtsp. s. 585, 31.
Ich pin gehaifzen der Eisengrin etc. Fastnachtsp. 398, 18 f.
Den Wegendrüssel nim ich mir etc. 401, 32; 407, 17.
10 Ich schluoch durch hiern und durch part
und tiefe wunden durch sein pain etc. } 446, 34 ff.
11 Ich han ein schopen wol gedret
mit panzerringen wol durchneet etc. } s. 194, 22 ff.
12 Pring mir pald her mein schwert etc. 416, 25 f.

10 Er kan die leut wol schroten etc. 459, 15.
8 Er treget einen Mimmink ⎫
  der snidet als ein shacre, ⎬ M. S. II. III. 251 a. (Neidhart).
  Er snidet isenine rink. ⎭
9 vgl. Sin langez swert alsam ein hanifswinge Nith. 26, 3.

Formelhafte Wendungen in bezug auf Gefahr, Leben und Tod.

Wert Jesus ufstan ⎫
so mûfzen wir alle daz leben lan. ⎬ Innsbr. 44—45.
Her, daz wil ich wol werbe ⎫
adir ich mufz morne sterben. ⎬ id. 98—99.
Er schlug uns sam wir weren tot, ⎫
wir komen nie in grufzer not. ⎬ id. 190—91; vgl. Eger 7732—33.
Des brachte us an lives not, ⎫
dat wi forloren use, sinne. ⎬ Redentin 812—13.
Wir waren vil nach alle tot ⎫
und sin endrunnen mit not. ⎬ Muri VI, 17—18.
Daz wir vil chume endrunnen sin. Muri VI, 31; vgl. noch Wien 901, 32—34.
Ich furchte wir kûn nicht wol genesen. Innsbr. 199.
Du wagst nicht wol genesen. Wien O. Sp. 369, 23.
Ir ritter kan niemant vor euch genesen! Sterzing 147, 27.
Ir herren, lant — — — wesen, ⎫
wir waenen wol vor im genesen. — ⎬ Muri II, 1—2.
Da sin wir chume genesen. id. VI, 16; vgl. Redentin 86, 986 f.
Dafz ich dir wil beistan ⎫
sollte es mein leben gan. ⎬ Wien O. Sp. 304, 25—26; 27—30.
Des mancher mufz komen in pein. Wien O. Sp. 307, 22.
Wir hatten naue den leip verlorn. Wien O. Sp. 309, 19.
Ik wil der ander hoder sin, ⎫
scholdet ok kosten dat leven min. ⎬ Redentin 89—90.
Man hat uns nahent das leben genomen, ⎫
wir sein chaum dervon chomen. ⎬ Erlau V, 314—15.
Ir sult uns unser gut wider geben, ⎫
oder es get euch an eur leben. ⎬ id. V, 348—49.
Ich wene, ez koste sin leben. St. Gallen 910.
Wen wir stünden in grofzer swer etc. Sterzing 145, 5 ff.
Dat sint nie mere ⎫
grot und alto swere ⎬ Redentin 907—908; vgl. ferner Alsfeld 7366 f. 7321 f.;
Donaueschingen 2976—97; Eger 7379 f.; Heidelberg 6009—11 u. a.

Höfische Elemente. Frauen u. Frauendienst.

Ich bin jung und hovelich. Wien O. Sp. 313, 28.

Vil edel herre Panthias,
gent, sagent Pilato minen gruz
und nigent ime an sinen vuz
ume die hoveliche dat. } St. Gallen 944—47; vgl. 949—55.

Eya, here, daz ist mir leyt,
daz ir vorgefzet uwir hobescheyt,
ir habit unhebeschlich getan etc. } Innsbruck 931—39; vgl. 940—45.

Dat is unhoveliken dan. Redentin 565.

Ich bin gar ein getruwir knecht
zu frawendinste fuge ich recht. } Innsbruck 463—64.

Got grûz dich (du) togentliches wib;
ach schelde ich truten dinen lib,
wen du bist so wol gestalt
grosser schonheit mannicfalt etc. } Innsbruck 668—73.

Wilt du schonen frawen holt wezen? id. 676.

Frawe, ich wil uch sagen mere,
wult ir volgen myner lere etc. } id. 955 ff.

Vraue, liebe vraue mein
dafz ir immer selig mûzt sein. } Wien O. Sp. 321, 18—19.

Tu uns kunt, vil seliges weip,
dafz dir got behûte sele und leip. } id. 333, 31—32.

Durch aller vrauen ere. id. 327, 2 = Eger 5499; ferner Erlau IV, 379. 385. 601—610.

Vil liebe fraue, so mir got
vil gerne ich leisten uwer gebot. } St. Gallen 463 f.

Stolze dirne habe dank
nu mache die rede nit lang. } id. 1014—15; vgl. auch 1002—1032.

Got grufze dich schone fraw min
eie! mochte es mit uwern hulden sin. } Alsfeld 698—99; vgl. 706 ff.

Gebet me orlaupp fraw zart!
ich wel mich machen uff min fart. } id. 726—27.

Viel lieber ist mir din zarter lipp
dan aller dieser wernde gut. } id. 751 f.; vgl. 674 f.; 998 ff.;
1052 f.; 968 f.; 2123 ff.; Eger Fr. Spiel v. 5490 bis 5525, Heidelberg P. Sp. 813 ff.; 829 ff. etc.

Aufforderung zum würdigen Empfang der Frau: Erlau III, 399—404. In den Passionsspielen kommen solche Stellen vor in den Scenen zwischen Pilatus und seiner Frau, Herodes und der Herodia; ferner in den Magdalenenscenen, worüber später noch gehandelt werden soll.

Vergl. auch später die Charakterisierung der Krämersfrau. Das Redentiner O. Sp. hat eine interessante Scene zwischen den Rittern und einem Turmwächter 195—226; 749—65 mit einem schönen Tageliede.

It dowet an der owe:
ridder stolt, brek dine rowe! } 751—58.
dat en ridder lege warm
an herteleves arm etc.

Boten.

In der Spielmannspoesie spielen listige Boten bekanntlich eine bedeutende Rolle, z. B. im Morolf, Ortnit u. a. Diese Sitte haben die Verfasser der geistl. Spiele getreu bewahrt. Wo es nur irgend anging, lassen sie Boten auftreten, welche den erhaltenen Befehl meistens wörtlich überbringen und gern dazu ihre Scherze machen.

Innsbruck v. 92f.; v. 94—97 = 104—107; vgl. 132—35, 169—73, 170—73 = 174—77; ebenso v. 108—13, 114—117, 124—129.

Wien: O. Sp. 306, 17—22; Redentin v. 125—128 = 131—134; Erlau V, v. 237—251; IV, 382 etc.; Gundelf. Grableg. v. 63—88.

St. Gallen 256—57 = 258—59; 380—83 = 384—67; 1252—53 = 1252—54; ferner 458—66; 1130—37.

Alsfeld 834—37 = 848—51; 854—59 = 870—73; 6957—62 = 6969—74; ferner 7001—6 = 7021—24 u. a.

Donaueschingen v. 79—100; 139 ff.; 1030—35; 1041—46; 1187 ff.; 1211 ff.; 2029—50 etc. etc.

Herre, ir sint ein guder bode } St. Gallen 956—59;
ir sollent han zu bodenbrode } vgl. Freiburg I, 1790—91;
hundert marg und ein vil gut pert. } Alsfeld 2086.

Beteuerungen der Wahrheit und der Erzählung.

Aufserordentlich häufig sind die adverbialen Ausdrücke: vürwar, sicherliche, waerliche, truwen (triuwen, mit truwen, uf die truwe, triuwe min).

Ich verkundige iu genzelichen an allen wan z. B. Trierer lud. 279, 6; Redentin 146; genzelichen vürwar;

Herre, wir wollen sweren } Innsbruck 184—85.
bei unsern ritterlichen eren.

Ich swer uff die truwe min. — id. 390.

Und segge di dat bi miner ere } Redentin 1599—1600;
de rede forgevik di nummer mere. } Alsfeld 7415 f.

Herre, uf unzer ere Muri V, 87.

Das sprechen ich uf meinem eit. Wien O. Sp. 301, 30 = Alsf. 1061.

Das sagen ich dir uf meinen eit. St. Gallen 955.

Das spreche ich uf meine warheit. Wien O. Sp. 330, 16.

Ich gehen dir die warheit } St. Gallen 340—41.
ez ist derselbe uf minen eit.

Ir herren! als ich Pilato hab geben die treu mein, Sterzing 144, 17.

Das sei euch bei meinem schild geschworen Pichler s. 45, 20.

Vergl. eine ähnliche Zusammenstellung von Vogt, Einleitung zu Salman u. Morolf.

Reden und Handlungen mit kurzen Sprüchen u. dergl. begleitet.

Die Eigentümlichkeit der Spielmannspoesie, wie der Volkspoesie überhaupt, Reden, Handlungen mit kurzen Sprüchen, Sentenzen, Sprichwörtern zu begleiten, findet sich zum Teil auch in den geistl. Spielen, am häufigsten, im Rodentiner Spiel z. B.

Wenne ich habe ein alt sprichwort
gar dicke und ofte gehort,
dafz man die treue lobet allermeist,
die man nach dem tode leist.
} Wien O. Sp. 323, 3 — 6; Trierer lud. 273, 31 ff. Egor 7854 ff.

Wer seine sache nicht wol vorlegen kan,
der nimt ofte schaden daran.
} Wien O. Sp. 297, 3 — 4.

(Ir syt eyn meister ubir alle schelke)
geht hen, ir sult die genfze melke.
} Innsbruck 820.

Je krumber, je dummer! Sterzing 166, 3.

— Vender dich, vender dich,
kanst nit gen, so trag ich dich!
} Sterzing 167, 21 f.

Meus colvo fier,
sprach ein ochs zu einem stir.
} Erlau III, 714 — 15.

Got grúfz uch ir hirn ubir al,
alz sprach der wolf und kuckte in den genfzestal.
} Innsbruck 455 f.

Achter na dat is dunneber Redentin 1622.

achter na is wive ruwe Redentin 1624.

De sik vor bedenket, de is klük,
so schit he na nicht in de brük.
} Redentin 1625 f.

De lude dantzet na juwer pipen Redentin 1775.

Ik hebbe io dikke hort unt is ok recht,
dat de elrene here bedwynget den ekeren Knecht.
} Rodentin 653 f. etc. etc.

vgl. die Zusammenstellung bei Freybe 421 ff.

Ich han doch ie gehoeret sagen:
swer sih an gotes hulde lat,
daz ez ein senftez wezen hat.
} Muri III, 5 — 7.

Ich mache die gelarten
dafz sie werden die vorkarten.
} Alsfold 401 — 2.

Want nimmant in einem lande geborn
wirt ein prophet ufzerkorn
563 — 65, 69, 27 — 28 u. a.
} id. 1479 f. vgl. noch v.

Typische Ausdrucksweisen zur Einleitung, Verbindung und Schlufs der Rede.

Vergl. Vogt, Einleitung zu Salman und Morolf CLI; CXXIII.

Zur Einleitung eines Spieles dienen die Prologe, welche je nach dem Charakter des ganzen Stückes humoristisch oder ernst gehalten sind. Vgl. z. B. Innsbruck 1 — 40; Wien O. Sp. 297, 1 — 298, 29; Erlau IV, 1 — 25;

Redentin 1—8; St. Gallen 1—16; Donaueschingen 1—78 u. a. Die einzelnen Personen nennen bei ihrem ersten Auftreten (wie in den Fastnachtspielen) öfters ihren Namen, Stand, Beruf, die Rolle, welche sie zu spielen haben z. B.

Ich bin Johannes genant
und dun aller der worlte bekant. } St. Gallen 41 f.

Mit warheit ich uch sagen daz
ich bin nit Elyas. } St. Gallen 54—55.

Ich heifz Isaias ein prophet etc. Pichler s. 125.

Ich heifz der prophet Jonas,
ich wil euch sagen was. } Pichler s. 136.

Herr, ich heifz Sathanas,
der ie der pest was etc. } Erlau IV, 32 f.

Herr, ich haifz Astaroth etc. Erlau IV, 57 f. vgl. 80, 90, 108 etc.

Ich bin Pilatus genant
ein konig in der Juden lant etc. } Innsbr. 40—41; vgl. Wien 298, 32 f.; Erlau V, 51.; Alsfeld 1255 f. u. a. 1275 f.

Ich pin ein maister lobsam
und var da her von Asian etc. } Erlau III, 83 f. 536 f.; vgl. Innsbr. 549 ff.

Here, ich bin Rubin genant
und werde uwer knecht abzu hant. } Innsbruck 479 f.; Erlau III, 128.

Hie lauft Gumpolt, Rumpolt, Harolt, Marolt
Seibolt, Neidolt, Hirolt, Mirolt etc. } Erlau III, 57—62;

vgl. dazu die ähnliche Aufzählung Alsfeld 442—450.

In den meisten Fällen wird die neu auftretende Person gleich von einer andern mit dem Namen angeredet,*) oder die Einführung wird ganz unterlassen. Es wird dann den Hörern überlassen, selbst zu unterscheiden, wer die sprechende Person sei. (Ähnlich auch in Volksepen z. B. Laurin, Salman u. Morolf). Formeln u. formelhafte Ausdrucksweisen, welche sonst häufig vorkommen, sind:

Horet zu alle gemeine
beide grofz und kleine } Wien O. Sp. 301, 15 f.; 29, 715 f.; 298, 34; 299, 1, 33.;

Erlau V, 1 f.; 21; Innsbr. 525; Wolfenb. 23 f.; Sterzing 166, 22 f.; 167, 11 f.; Redentin 1213 f.; 1975 f. u. a. massenhafte Beispiele.

Diese Formel findet sich zahlreich in der geistl. u. weltlichen Poesie: z. B. Katharinen Marter (13. Jahrh.), Germania VIII, 129 ff.; v. 857, 3211 f.; Leidensgeschichte Christi (12. Jahrh.), Germania IV, s. 245, 17 f.; 246, 47 f. etc. Fastnachtspiele s. 128, 1 f.; 497, 1 f., 10 f.; 609, 1 f. etc.

Vornemet alle geliche
beide arm und riche. } z. B. Innsbr. 1—2, 542 f.; Wien 297, 14; 311, 11. f; Redentin 119—20 f.; 1—2; Erlau V, 3 f.; Pichler

S. 117; Erlau III, 63—68; 81 f.; V, 1—4 etc. etc.

(Vergl. Fastnachtsp. s. 497, 12 f.; 571, 1 f.; Hoffmann, Volkslieder I, 3. Strophe 2 u. a.)

---

*) oder blofs mit „her, frowe" etc. betitelt.

— Sweigt ein weil stil
und merkt was ich euch sagen wil } Sterzing 148, 15 f.; vgl. Wien O. Sp. 310, 17 f.; 311, 11 f.; Rodentin 829, 861, 1878; Alsfeld 2930 etc.; St. Gallen 442 etc.

Ir jungen mit den alten
daz uwir gat mûfze walden. } Innsbruck 3—4; vgl. Wien O. Sp. 297, 17—18; 313, 9 f.

Ir chalten und ir warmen,
ir reichen und ir armen. } Erlau III, 238 f.; IV. 6—7.

Nu horet, er herren, was ich uch sage! Alsfeld 2532. 3408 f.; 3504 f.; St. Gallen 511, 531, 556; Donaueschingen 1659; Eger 3515 etc. etc.

Ir herren, das wel ich uch sagen nu etc. Alsfeld 3166 f. 3370 f.; Donaueschingen 1633 f. 1659 etc.; Eger 3453. 3901.

Hore mich Pilatus, knecht korsur etc. Alsfeld 3778. 3784. 3870 etc.; St. Gallen 204;

Sage knecht, sunder wan, ane zu handt etc. Alsfeld 3796 f. 3808. 3820, 3846 f. etc.; St. Gallen 58; Eger 4137. 3546.

Ich sage uch an dirre vrist etc. St. Gallen 479. Donaueschingen 92. 1395 etc.; Eger 3439. 3729. 4021 etc. etc.

Her nim miner rede war Donaueschingen 1211. 1235.

Habit ir icht nu wir mere vornamen? Innsbruck 67.

Ich wil dir neue mer sagen. Wien O. Sp. 299, 26; Redentin 42.

frawe, ich wil uch sagen mere. Innsbr. 955. 562.

wer uns verwirret die mere,
der mûze haben swere. } St. Gallen 1867 f.

Ik wil di seggen sware mere id. 842.

Jede, du sprekest ware mere Redentin 31; vgl. Alsfeld 7615.

Ir muget gerne hûren czu
wie die Juden da varen etc. } Innsbruck 31 f.

Sweiget gummen ir affen! Wien O. Sp. 310, 11; vgl. Redentin 829.

Herre, sweiget stille, ob es sei eur wille. Wien O. Sp. 311, 17, 11.

Swigent mit zuchten an dirre stund etc. St. Gallen 308.

Wollent ir nu (mit) zuchten getegen, so wil man uch sagen. St. Gallen 113 f.

horent mit zuchten vorbas etc. St. Gallen 204.

La die rede sin St. Gallen 98.

herre die rede sal nit sin St. Gallen (648).

nu mache die rede mit lang St. Gallen 1115.

lat deze rede bestan. St. Gallen 842; Alsfeld 4208 etc.

Du solt die rede zweigen stille. Wien O. Sp. 308, 27.

swiget deser rede. Redentin 861.

werlik, des wil ik zwigen stille. Redentin 1878; Wien 310, 17; 308, 27 etc.

Wie so vieles, so führt Mone, Schausp. d. Mittelalt. II, 32 den Gebrauch des Titels „her" gegen Höherstehende u. a. auf französischen Einfluſs zurück. Unsere geistlichen epischen Dichtungen und die epische Volkspoesie etc. gebrauchen den Titel „her" gegen Höher- und Niederstehende. Man vgl. z. B. Urstende von v. 29 an, Phil. Marienleben 6579 etc. Vogt, Einleitung zu Salman u. Morol. CLV; die Fastnachtspiele etc. Daſs diese alle sich nach französ. Sprachgebrauch gerichtet hätten, ist doch ganz undenkbar!

Formelhaft (paarweise) verbundene Substantive, Adjektive etc. zur Bezeichnung der Gesamtheit.

Waffen und immer waffen } sieh die Vorsikel: Die Ritter nach der Auferstehung. VII. Auftr.
zetar un waffen.
truwe unt holt. Redentin 47, 204.
mit truwen unt mit eren Redentin 105.
sele und leip Wien 393, 32; 303, 17*) etc.; Erlau III, 723 etc.
ez sime lieb oder leit Muri V, 101; Redentin 544; Alsfeld 1570, 2311, 2317 etc.
gut unt ere, Redentin 776, 968.
grimmich und so bolt. Redentin 878.
hemelik unt openbar Redentin 1093.
ez sy fruo adir spate Innsbr. 113, 127; vgl. Redentin 1572, 1255 etc.; Alsfeld 189, 238, 6876 etc.; Gundelfingen 451 etc.
de richte unt de krumme Redentin 1257 u. ö.; Wien 297,10, Alsfeld 325.
beide nacht und dach. Redentin 1406; Erlau IV, 381, Alsfeld 327.
heute und immermere Wien 303, 15; 331, 13; Innsbruck 290.
bose unt gut. Wien 331, 21; Sterzing 147, 11; Redentin 1094 etc.
harde unde wis Redentin 1313.
tam eder wilt Redentin 153.
lützel oder vil Gundelfingen 403. u. a. m.

Zeitbestimmung.

Der in den Spielmannsepen so beliebte Zeitpunkt: der Mai, Pfingsten (vgl. Thien, Motive d. Spielmannsepen 19) findet sich auch einigemal in den geistl. Dramen:

Rubin tritt im Frühling, Mai seinen Dienst an:
noch in dem maien,
so sich di vogel zwaien } Erlau III, 212—13; vgl. Innsbr. 494—507.

Maria Magd. bestellt ihren Anbeter auf Pfingsten;
Freun du hast vil wol gesprochen,
chum nach phingsten in der vierden wochen etc. Erlau IV, 514 etc.

Sonst werden gewöhnlich Zeitadverbien gebraucht, wie z. B. in dirre vrist, zu dirre zit, zu stunt, zubant, (zehant), zu (an) dirre stunt, alle stunt u. s. w.

---

*) Wien ist hier und im folg. = Wiener O. Sp.

Die Krämerscenen.

Über die Entstehung und Gestaltung der Krämerscene wurde bereits ausführlich gehandelt. Wie dort nachgewiesen ist, bestand der Kern des Scene ursprünglich aus 3 lateinischen Gesätzen mit ernster würdiger Haltung, der aber schon sehr frühe von humoristischen Elementen durchzogen immer mehr erweitert wurde. Verschiedene Dichter lassen dieser ältesten Scene ein Vorspiel vorangehen, in welcher der Salbenkrämer seine Waaren anpreist, sich einen Knecht dingt, seinen Kram aufschlagen und die Salben bereiten läfst, welche er verkaufen will, dazwischen allerlei Späfse mit seinem Knechte macht u. s. w.

An das Ganze schliefst sich häufig ein Nachspiel, ein Streit zwischen dem Krämer und seiner Frau wegen des Preises, den der Krämer für seine Salben verlangt. (Im Frankfurt. Alsfeld. P. Spiel steht die Krämersfrau auf Seiten der heiligen Frauen, weshalb diese auch Frieden zu stiften trachten.) Der Krämer schlägt seine Frau (und diese geht mit dem Knechte durch).

Das Vor- und Nachspiel entsprechen nicht nur ganz den vielen ähnlichen Scenen in den Fastnachtspielen, sondern stimmen auch teilweise wörtlich damit überein.

Die Krämerscenen der verschiedenen Spiele zeigen in einzelnen Zügen manche Eigenheiten, weil die Verfasser hier ganz nach Lust und Laune schalten konnten, die Anlage, die wesentlichen Bestandteile des Dialoges etc. aber finden sich überall. Man sieht, alle arbeiten nach einer bestimmten Vorlage.*) Um dieses näher zu beweisen, stelle ich zunächst diejenigen übereinstimmenden Versikel zusammen, welche die ursprüngliche Scene, allerdings in erweiterter Form, enthalten.

Krämer:	1	Rubein, Rubein, Rubein	Innsbr. 790, 795, 802; Wien 371, 12; (vgl. Redentin 883), Eger 7864.
Knecht:	2	Was wult ir herre meister mein?	Innsbr. 807; Wien 317, 24; Eger 7865; vgl. Redentin 884.
Krämer:	3	Ich sehe dort in der awen dri schone frawen,	Innsbr. 824f; Erlau III, 708f.; vgl. Eger 7866f.
	4	Sie weinen sere und klagen ich wene, ir here si sere geschlagen. vgl. Eger 7866—69.	Innsbr. 826—27, 841—42; Wien 318, 5f. Erlau III, 710f.;
	5	Ge hen en heiz sie her komen damit schicken wir unsern fromen.	Innsbr. 829—30. Wien 318, 5—6.
Knecht:	6a	Gat grûz euch ir drie vrauwen waz ist euch in den auwen?	Innsbr. 833f.; 416f.; Wien 318, 11f.; Erlau III, 749; Eger 7872f.
	6b	Sagit ir vrouwen alle dri. (Erlau III, 749), vgl. Donaueschingen 4047f.; Eger 7886.	Frankf. Dirig. No. 268; Alsfeld 7564f.;
Frauen:	7a	Got dank du stolzer jungeling daz got gebesser dine ding.	Innsbr. 839f.; 843f.; Wien 318, 19f.; 23f.; Erlau III, 729f., 777f.; Eger7876f.; vgl. Wolfenb. 46—47.
	7b	Junger man, daz si uch kunt.	Frankf. No. Dirig. 269; Alsfeld 7552.

---

*) als welche wohl das Innsbrucker O. Spiel angesehen werden darf.

8 Ir frawen, kunt ir mir gesagen, warum ist uwir wein und uwir klagen?	Innsbr. 841 f.; vgl. Wien 318, 13 f.; Eger 7874 f.	Knecht:
9 Ja wir, stolzer jungeling daz got gebesser dine ding,	Innsbr. 843—44.; Wien 318, 23—24; Wolfenb. 46—47.	Frauen: Die tu nobis mercator etc.
kanstu icht uns gewifzen einen man, der zu arztige geraten kan?	Innsbr. 847 f.; Wolfenb. 49—50; Erlau III, 725—26; Eger 7848—49; Alsfeld 7558—59.	
10a Ir schonen vrouwen wol gedan.	Frankf. Dirig. No. 271; Alsfeld 7562 f.	
10b Ich wil euch wisen einen man, der euch wol geraten kan.	Innsbr. 851—52; Wien 319, 1—2; Eger 7884—85; Erlau III, 725—26.	Knecht.
11 Got grűz dich kremer, guter frunt ist dir um arztige icht kunt, adir hastu icht salben gut, darnach stet unser mut?	Innsbruck 879—82. Erlau III, 753—56. Alsfeld 7558—59; vgl. Eger 7886 ff.; Donaueschingen 201—202; Wolfenb. s. 153, l.	Frauen:
12a Ja ich frawe, selig wib ich han sclefzen minen lib nach ereztige manig jar waz ich uch sage, das ist war etc.	Innsbruck 884—87; Wolfenb. 51—53.	Krämer: Hoc unguentum etc.
12b Ist hier icht das ir begert, des wert ir von mir ganz gewert,	Wien 319, 5—6. vgl. Erlau III 757 f.; Alsfeld 7564—65.	
ich habe die besten salben, die da allenthalben in dem lande mag gesein.	Wien 319, 7—9; vgl. Erlau III 751—52; Alsfeld 7564—55; Donaueschng. 219—20.	
12c Ir vrouwen hort, waz ich uch sagen	Frankf. Dirig. No. 275; Alsf. 7588 etc.	
13 Sage meister, daz got dich lasse leben, wie wilt du uns die salben geben? 779—80, 785—86; vgl. Donauesch. 4063—64.	Innsbruck 892—93; Alsfold 7586—87. Erlau III,	Frauen:
14 Ich (gebe) eyne um eyn phunt dye dritte um rotes goldes eyne mark Wolfenb. 41—42; Alsfeld 7590, 7626—27; 235—36; Eger 7894—95.	Innsbr. 894—96; Erlau III, 782. 787 f.; Donaueschingen 4065—66;	Krämer:
15a Meister, daz dir got holt sye, hye sint guter besanczen drye, dar um gib uns dye mafze, daz dich got leben lafze.	Innsbruck 903—6; Wien 319, 17—20; Wolfenb. 55—58; Erlau III, 792—95; Alsfeld 7885—87.	Frauen:
15b Meister, die rede were uns zu stark etc.	Innsbr. 897; Erlau III, 781.	
16 Ir frawen, ir kouft selden, uwir besanczen wil ich gelden, nemt dye worcze dar ume dye ist besser wen andere funffe.	Innsbruck 907—10. Wien 319, 21—24; Wolfenb. 59—61.	Krämer:
17 Nu sage uns, guter man sullen wir mit diser salbe gan? 7630—31; Innsbr. 965—66.	Wien 319, 29—30; Wolfenb. 35—36. vgl. Erlau III, 797—98; Alsfeld	Frauen:

Nachspiel.

Frau des Krämers: 18 Ei meister. Frankf. Dirig. No. 276 = Alsfeld 7594 f.

Krämer: 19 Swiget und lafzet uwir klaffen stan,
iz duncket mich nicht wol getan,
wen lute her czu uns komen
daz ir sye hindert an irem fromen. } Innsbr. 924 — 27; Wien 320, 15—18. vgl. Frankf. Dirig. No. 277; Alsf. 7598 f. 7608 f.

Krämerfrau: 20 Ju ja leyder
sin daz dye nuwen cleyder,
dye du mir czu desen ostern hast gegeben?
daz du daz jar nymmer must ubir leben! } Innsbruck 927—30; Wien 321, 8—10; Erlau III 837—40; Alsfeld 7604—7.

Knecht: 21 Min here hat sine frawen geschlagen
mit der fust an den kragen } Innsbruck 961—62; Wien 321, 20—21;
Erlau III, 822, 829—30; Alsfeld (7600), 7616—17.

Maria: 22 Her koufman laz das zurnen farn. Frankf. Dirig. No. 279 = Alsf. 7622 etc.

Über den Schlufs sieh unten s. 23.

Einige Belege zu diesen Versikeln aus den Fastnachtspielen:

vgl. zu 2 Maister, lieber maister mein. s. 504, 20 f.

3 Sehet hin zu jener awen!
da gehet gar ein schön jungfrawe } Fastnachtsp. s. 909, 2—3. (spil v. fraw Jutten).
vgl. Osterlied. Hoffmann, Gesch. der Kirchenl. s. 190.

6 Seit wilkomen, ir drei frauen!
mein knecht und ich wellen euch gern schauen } Fastnachtsp. s. 487, 1—2.
Nachlese 219, 16 ff.

7 Got dank euch, lieber maister Vivian etc. Fastnachtsp. 687, 3 f.

11 Got grüfz euch, lieber maister Vivian!
wir pringen euch gar ein kranken man etc. } Fastn. 683, 29 ff.
Got grüfz euch, maister Vivian!
man sagt, ir seit ein weiser man,
und seit wol gelert in der erznei etc. } 62, 6 ff.; vgl. 365, 14 ff.
Nempt euch ain guoten muot!
ich han ain salben, die ist guot. } 505, 1—2; 60, 23—24.

12b Wie ir sein habt begert
nu hat er euch des gewert. } 359, 9—10;
Dazu was ir von uns begert
sollet ir genzlich sein gewert. } 919, 21—22.

19 Hat das nit der teufel geschaffen,
das du alles ding muost wider klaffen etc. } 510, 29 ff.

Solche Zänkereien und gegenseitige Beschimpfungen finden sich sehr häufig vgl. z. B. s. 992—993; 481,10 ff.; 195,24 ff.; Nachlese 250, 1 f.

20 Ach und ach und iemer laider
sind das die neue klaider
die du mir zu diser fasnacht gist? } 511, 1—4; vgl. 443, 3 f.

21 Ich wil das nit lenger vertragen	195, 23—24, 446, 30f.;
ich wil dich hauen durch deinen kragen.	vgl. 511, 6—10.
22 Lieber herr, last euren zorn etc.	508, 29ff.

Vorspiel (Krämer).

Der Haupttummelplatz für Witze, Späfse, Zoten ist das erwähnte Vorspiel, in welchem der Krämer und sein Knecht auftreten. Die ursprüngliche Rolle des Salbenkrämers wird gewöhnlich zu der eines Arztes und Quacksalbers erweitert, so dafs er abwechselnd in dieser dreifachen Gestalt auftritt. Die einzelnen Züge sind ganz aus dem Leben genommen, d. h. von den herumziehenden Quacksalbern etc. Wie dort auf den Märkten, so preist hier der Krämer etc. mit prahlerisch-drolliger Geschwätzigkeit seine Salben, Pulver an, von deren Heilkraft er die wunderlichsten Dinge erzählt. Das Vorspiel enthält also eine Jahrmarktsscene, wie solche in den Fastnachtspielen so häufig vorkommen, vgl. Keller, Fastnachtssp. No. 6, 48, 55, 56, 82, 85; 57 besonders Seite 504ff. 510f.; No. 98; Dy sechs erczt von Rosenblüt III, 1083ff.; Von einem krichischen arczat v. Folz III, 1197ff. Nachlese Nr. 120.

Die hier vorliegende Scene stimmt daher in Anlage, Ausführung, Gedanken und Ausdrucksweise vielfach mit obigen Fastnachtspielen.

Mit einem Grufs gegen das Publikum, einem Witz tritt der Krämer auf und erklärt einen Knecht zu suchen:

der mir kende gewisen eynen knecht,	Innsbr. 455—60; Erlau III, 91ff., 106—07; ähnlich Wien 313, 20f.	vgl. Fastnachtsp. s. 88,4 ff. 679,4 ff.
der mir czu dienste were recht etc.		
Ich bin ein meister gar hoch geborn	(Vgl. hierzu das Auftreten des Procus im Erlauer Spiel IV, 376—385.]	
und habe meinen knecht verlorn etc.		

Alsbald bietet sich ein Knecht (Rubin) an. Nachdem sie über den Lohn einig geworden sind, befiehlt ihm der Krämer seinen Namen, seine Künste, seine Heilmittel unter dem Volke auszurufen. Rubin thut dies nun und giebt dabei zugleich eine Schilderung von dem früheren Leben seines Meisters:*)

Uns ist kunt in dye lant		s. 59,4—5 ff. 1197 f.
eyn arczt wit bekant,		
her ist geheifsen Ypocras — —.	Innsbruck 549—56; Erlau III, 536—40; Alsfeld 7494—7604; vgl. auch Erlau III, 174 ff.	
Er hat durchfaren manche lant		
Hollant, Prabant, Rufzenlant.		vgl. Fastnachtsp. 477, 8—13.
Prufzenlant, Cabernye, Alemenye		
noch vorbaz in der wosten Romanye etc.		

(Der obige Name des Arztes findet sich im Innsbr. und Alsfelder Spiel, ebenso bei H. Rosenplüt, Keller III, 1084, 1088.)

Zuweilen tritt der Krämer selbst auf, um dies alles bekannt zu machen:

| Ich bins nemlich komen von Pareis | Wien 313, 5—8; vgl. 14ff.=Erlau III 100—104. | s. 365,7—13. |
| uf erztei hab ich geleget meinen vleifz etc. | | |

---

*) Innsbr. 545—66; vgl. 531—36; Erlau III, 421—29, 427ff.; Alsfeld 7463—7517; Wien 313,5—26.

s. 365,11.

> Ich pin ein maister lobesam
> und var da her von Asian,
> auch pin ich ein maister hochgeborn
> grofsen schacz han ich verlorn etc.

Erlau III, 83 ff.

Ferner erfahren wir, dafs er ein Trunkenbold sei (Wien 320,19—22), öfters gestohlen hat (Erlau III,544—45); zwar entrann er noch mit genauer Not dem Galgen (Wien 321, 14—17; Erlau III, 419—20, 546—47), allein man hat ihn doch gebrandmarkt (Erlau III, 542—43).

Er besitzt mancherlei Kenntnisse und Fertigkeiten. Vor allem ist er Arzt:

Fastn. 679
v. 16; vgl. 17.

> die blinden macht er sprechen,
> die stummen macht er efzen,
> her quam (l. kan) czu erztige also vil
> also eyn esel czu seyten spil.

Innsbr. 564—67;
vgl. Erlau III, 504—15, 319—20.

751, 9—10.

> Ich schal eym alden wibe
> den harmsteyn schnyde

Innsbruck 798—99; ebenso Rubin; Wien 313, 29—30, 317, 29—30; vgl. Erlau III, 454—55, 650—51.

753, 26; 696, 11.

Er kann „den prun sehen" Erlau III, 411 f.

> — — so ist das ein ror,
> mit dem chan er christieren etc.

Erlau III, 458—63.

> Dar nach han ich ein stupp,
> das ist gut zu einem lupp etc.

Erlau III, 464—71.

Er ist Zahnarzt (Erlau III, 446—51), besitzt natürlich auch eine Apotheke (Erlau III, 437 ff.; Alsfeld 7506; Wien 313, 15—16) und allerlei anderes nützliches Geräte (als Kaufmann):

vgl. Fast-
nachtsp. s.
477, 25—27.

> Ich habe auch gutes geretes vil,
> muscheln und deifzelseil,
> beutel und teschelein
> dar zu die glesen tepfelein

Wien 313, 17—20.
vgl. Muri I, 39—68.

vgl. 680,4 ff. Nach vielerlei Späfsen befiehlt der Krämer dem Rubin seinen Kram aufzuschlagen und die Salben auszustellen. Er besitzt 6 Salbenbüchsen, deren Herkunft, Inhalt und Gebrauch mitgeteilt wird.

Die erste schal ouch alhye etc. Innsbr. 703.

> Nu ist das die eine,
> die slug ich aus eime steine.

Wien 315, 19—20;
vgl. Erlau III, 759—60.

> Das ist der puchsen ain,
> da der teufl mit seiner muter umb grain.

Erlau III, 564—65.

s. 680,24—25.

> So ist das dye andere,
> dye brachte myn hirre von Flandre.

Innsbr. 704—5; Wien 315, 21—22;
Erlau III, 574—75, 765—66.

vgl. 680,
30—31.

> So ist das dy drytte,
> dye brachte myn herre von Egypten.

Innsbruck 706—7; Wien 315, 23—24; vgl. Erlau III, 585 bis 86 = Wien 319, 27—28.

> Die vyrde hat dye togent,
> welich frawe dye jogent etc.

Innsbr. 708—21.

So ist das die vierte die macht ich zu dom biere.	Wien 315, 25—26; vgl. Erlau III, 594—95 = Wien 319, 25 f.
Der funfften hatte ich nå vergefzen, dy sechste hat mir der tufel frefzen.	Innsbr. 716—17; vgl. Erlau III, 611—12.
So ist das die vumfte vein und klar als ein ku die kalben sal.	Wien 315, 27—28. Fastnachtsp. 367. 6—7.

Die Salben heilen allerlei Gebrechen und helfen in mancherlei Umständen etc. Sie sind geeignet für alte Weiber und junge Mädchen Innsbr. 708—21 (teilweise = Fastnachtsp. s. 680,19f.), als Färbmittel für Haare, Erlau III, 566—73; für den Haarwuchs Erlau III, 577—83; — als Schminke Erlau III, 586—93; gegen böse Weiber, Erlau III, 597—610; für allerlei Unglückliche, für Blinde, Lahme etc. Erlau III, 615—618; für gefallene Frauen, Erlau III, 620—22; für Wunden, Erlau III, 761—64; Alsfeld 7575—77; Schwerverwundete etc., Alsfeld 7578—80; zum Schutz gegen Schläge, Erlau III, 770—76. vgl. s. 1201 ff. 768 f. 751,9 ff.

Wieder folgen allerlei Späfse, teilweise sehr schmutziger Art, dann verlangt der Krämer, dafs Rubin Salben bereiten oder Wurzeln stampfen solle. Rubin geht an die Arbeit und giebt zugleich die Bestandteile der Salben etc. an z. B. Innsbr. 740—49.

Da quam czu dem getummele von eyner brucken daz smalcz von mucken und daz blut von eynem schlegele etc. etc.	vgl. Erlau III, 627—36.

vgl. Fastnachtsp. s. 60, 25 ff. s. 1197 ff. 684, 31 ff.

Während dieser Beschäftigung kommen endlich die drei Marien heran, — sieh oben pag. 18—19.

Der Schlufs der ganzen Krämerscene (das Nachspiel) weicht in den einzelnen Spielen etwas ab. Alle haben jedoch den Streit zwischen Mann und Frau mit der Prügelei, sieh oben pag. 20

Im Innsbr. O. Spiel 967—85 legt sich der Krämer darauf nieder, um zu schlafen und befiehlt dem Rubin seinen Kram und seine Frau zu bewachen; dieser aber entflieht mit der Frau. Der Krämer erwacht und eilt ihnen nach. — Im Erlauer Spiel III, 853—942 geht es teilweise ebenso. Auch hier entflicht Rubin mit der Frau. Der Arzt zieht dann mit seinem andern Knechte Pusterbalk ab. Letzterer nimmt dabei, ganz wie in den Fastnachtspielen, vom Publikum Abschied. — Im Wiener O. Spiel 321,19 bis 322,6 sucht der Krämer seine Frau zu begütigen, was ihm aber nicht gelingt. Darauf befiehlt er dem Rubin:

hebe uf korp und stap und laufe wir gein Arras etc.
(= Erlau III, 925—26)

und so ziehen alle drei ab. — Das Frankf. und Alsfelder Spiel haben nichts darüber.

Die Bruchstücke der Pass. Spiele von Muri I, 1—68 zeigen eine ganz abweichende Behandlung dieser Scene. Vergl. auch Bartsch, Germania VIII, 280 f.

Die Frau des Krämers.

Die Krämersfrau ist ihrem Manne ebenbürtig. Im Innsbr. u. Wiener Spiel wird sie Antonia genannt. Gewöhnlich tritt sie erst im Nachspiel auf, im Innsbrucker und Erlauer Spiel dagegen auch früher. Der Arzt im Wiener O. Sp. schildert ihre äufsere Erscheinung (316, 7—14):

Auch hab ich gar ein seuberlich weip,
das ist mir also lieb als mein eigen leip:
sie hat aus der mafze schonde vil,
die ich dir wol nennen wil:
sie hat warlich einen krummen munt
und siht uber die nase sam ein hunt etc.*)
Das Erlauer Spiel dagegen nennt sie:
schone frau 346, schones wip 805, allerschonist frauen 418,
minnichleich 224; sie hat: einen stolzen lip 806, mit einer
cholweifzen hant 820; vgl. Got grúz dich togentliches
wib etc. Innsbr. 668—73.

Sie ist ein recht unsittliches Frauenzimmer Innsbr. 977; Alsfeld
7620—21; Erlau III, 363—74, 835—36, besonders
„bei den schreibern ist sie gerne, } Wien 316, 15—16.
und ihr holde wol kan werben."

Wie ihr Mann versteht sie auch allerlei Künste, besonders solche,
welche „mit ihrem wagerechten Handwerk" in Verbindung stehen:
Wien 320, 3—4; Erlau III, 476—99. In letzterem Stücke ruft der Knecht
Pusterpalk diese Künste ebenso aus, wie Rubin diejenigen des Mannes.

Wenn es ihr bei ihrem Manne nicht mehr gefällt, so läuft sie davon.
Im Erlauer Spiel 329—420 mufs Rubin sie suchen; er findet sie endlich
mit Hilfe von Pusterpalk und sagt zu ihr:

Gukkukspital, grintiger zwifal, lausiger archan etc. (365).

Er mufs sie mit Gewalt zurückführen:
nu sicz nider auf dein sidel }
an paukken und an fidel.   } 411—12.

Aus Ärger, dafs ihr Mann die Salben zu billig verkauft, hält sie
ihm sein schlechtes Leben vor, dieser antwortet entsprechend und haut sie
schliefslich durch. (Dieser ganze Streit erinnert an die Scene zwischen
Heine und Lorentz in Frauw Wendelgard von N. Frischlin II, 3 (s. 25);
IV, 1 (s. 38—39), und an die entsprechenden Auftritte in den Fastnachtspielen s. 481, 10f.; 992—993; 510, 29f.; 195, 24f.) Leicht über-
redet sie daher Rubin mit ihm zu flüchten Innsbr. 973—80; Erlau III,
859—904, nur verlangt sie:

fure mich nicht in dye schule, }
kom ich in daz schulhus   } Innsbr. 978—80 = Erlau 881—86.
ich kome nymmer mait eruz.   }

Rubin.

Wie oben bemerkt, will der Krämer bei seinem Auftreten sich einen
Knecht dingen:
dem welde ich sulich lon geben,   } Innsbr. 459—60; Wien 315,
daz er daz jar nicht kende ubir leben. } 1—2; vgl. Wien 313, 24—25;
zwar reichen solt wolte ich im geben.   vgl. Erlau III, 92—94.

---

*) Dennoch nennt er sie auch „mein schones weip" 319, 13, und „aller tugende vol"
316, 20; Innsbr. 668.

Sofort bietet sich ein Knecht an, der sogleich eine kurze Charakteristik von sich selbst gibt: Innsbr. 466—75; Wien 313, 27—314, 20; Erlau III, 108—125.

Here wye dumket uch umme mich? \
Truwen, knecht, waz weiz ich? — } Innsbr. 461—62;
    Wien 313, 27—28; Erlau III, 108—109.

Der Krämer fragt ihn:
Du salt mir sagen alzuhant \
wye din name sye genant? } Innsbr. 477—78.

Nu sage mir, liebes knebelein, \
wie ist genant der name dein? } Wien 314, 7—8 = Erlau III, 126—27.

Here ich bin Rubin*) genant! Innsbr. 470—80; Wien 314, 9—11; Erlau III, 137 (Rubein).

Nu sage an liber Rubin \
wye grin is daz lon din? } Innsbr. 485—86.

Nu sage, lieber Rubein \
was ist das lon dein? } Wien 314, 21—22 = Erlau III, 138—39. = Fastnachtsp. s. 510, 21 f.

Als Lohn verlangt Rubin: Geld, Kleider und gutes Essen, — ja er erhebt sogar Anspruch auf die Frau des Krämers:

Here funf schillinge \
daz ist myn gedinge. } Innsbr. 487—88.

Herre, mein lon ist gar stark: \
ein pfunt pulze und ein gebraten quark. } Wien 314, 23—24 fast gleich Erlau III, 140—41.

Ich pin auch gar vermefsen, \
do man auz der schussel sol efsen \
di guten faisten praten; \
dar zu pin ich wol beraten. \
Ich pin auch snell auf den schinkchen, \
do man sol efsen und trinkchen. } Erlau III, 204—209.

Her ..... erloubet mir daz \
daz ich dy czit vertribe \
mit dinem jungen wybe \
des obendes bye dem füre. } Innsbr. 501—6; vgl. Erlau III, 222—23 (27).

Der Krämer verspricht:
So gebe ich dir von lechtgen eyn rock, \
auch gebe ich dir von semden eyne bruch, \
und eyn hemde und myn alden hosen darczu \
dye czust du an spat und frue. } Innsbr. 497—500 ganz ähnlich Erlau III, 95—99.

---

*) Merkwürdigerweise wollen manche den Namen Rubin aus dem Französischen herleiten, während er doch bei uns bekannt genug ist. Im Fastnachtsp. s. 480, 10 heifst der Knecht Rubling oder Augustein; aber auch ein Arzt „Rubein" 578, 30. Über einen sog. „Ton van Rubin" sieh M. S. I, 315a. und Gosches Jahrbuch f. Litteraturgeschichte I, 59; der Dichter Rubin id. I, 65.

Rubein, ich wil dir den quark geben,
dafz du das jar nicht must uberleben,
und auch einen vladen darzu
den da machet die ku etc.

Wien 315, 1—6.

und in bezug auf die Frau:

Von mir hab dir dye laube
und thoe dez nicht vor mynen augen.

Innsbr. 407—8; vgl. Wien 316, 15—18.

Damit ist der Vertrag abgeschlossen:

<small>Fastnachtsp. s. 915, 10 f.</small>

Dank habt here, meister myn
daz ir selig mufzet syn.

Innsbr. 409—10.

Herre in eurem dienst wil ich leben
und das stete pflegen.

Wien 315, 7—8; vgl. Erlau III, 220—21.

Der Krämer befiehlt ihm nun seinen Namen etc. auszurufen. Innsbruck 539—42; Wien 315, 31—32; Erlau III, 421—24; nochmals 536—47; sieh auch oben s. 21.

Daz thó ich here alezu hant,
daz wir den luten werden bekant.

Innsbr. 543—44; vgl. Erlau III, 562—63, 425—26.

sodann den Kram aufzuschlagen (sieh oben s. 22). Diese Aufforderung wird mehrmals wiederholt, weil Rubin keine Lust dazu hat, sondern sich auch noch einen Knecht dingt, mit dem er sich die Zeit vertreibt.

Rubin laz din schallen sin
un schla mir uff den kram myn.

Innsbr. 568—69, 610—11, 694—95. -- Erlau 40, 560—61.

<small>Fastnachtsp. s. 487, 25—26. Nachlese 56, 26; 86, 9.</small>

Daz thon ich here alezu hant
mit myner rostigen hant.

Innsbr. 612—13; 543—44; 523—24; 697 f.; 726 f.; Erlau III, 471—75.

Oder er macht allerlei Späfse mit seinem Meister z. B. Innsbruck 628—40 ff.; Erlau III, 504—15.; 548—59; 563 ff.; 853 ff. Oder er läuft weg, angeblich weil man ihm seinen Sack gestohlen habe. Innsbruck 790—94, (804—5), fast gleich Erlau III, 516—20; vgl. Wien 317, 23—28.

Oder weil er eine Operation an alten Weibern vorgenommen habe: Innsbr. 790—801, vgl. Wien 317, 29—30. Der Krämer wird wütend und ruft:

du machst wol eyn schalk syn etc. *Innsbr. 808 ff. = Erlau III, 527 ff.*

Rubin erwidert diese Beschimpfung mit entsprechenden Worten: Innsbr. 810—20; Erlau III. 529—33. Hierauf folgt die älteste Scene mit den drei Marien (sieh oben s. 18 ff.) — und endlich das Nachspiel, (sieh oben s. 20). — Bei dem Streit zwischen dem Krämer und seiner Frau stellt sich Rubin entschieden auf Seiten der Frau: Innsbr. 931—65; Alsfeld 7614—21 (servus); Erlau III, 823—852 und geht dann schliefslich mit ihr durch. —

Rubin ein Spielmann!

Die Späfse, Witze etc. in den Gesprächen zwischen Arzt und seinen Knechten, sowie der Knechte unter einander sind wohl ganz dieselben, mit welchen die fahrenden Leute auf Strafsen und Märkten das Volk ergötzten.

Hier konnten sie ganz aus ihrem eignen „repertoire" schöpfen, das auch in die Fastnachtspiele überging.

Das ganze Auftreten, Leben und Thun von Rubin erinnert so stark an den Spielmann, der gewöhnt war, die Leute mit seinen Späfsen und Künsten zu unterhalten, dafs sich der Gedanke aufdrängt, hier hätten die Verfasser einen Vertreter ihres eignen Standes in das geistl. Drama eingeführt. Die Art und Weise, wie er charakterisiert wird, erinnert stark an Morolf, in dem Spielmannsgedicht Salmon und Morolf. Die Prädikate, welche ihm am meisten beigelegt werden, sind:

stolzer man Innsbr. 482, 492, 523, 839; Erlau III, 126, 137, 110, 294.
ein wigant Innsbr. 523.
ein stolzer weigant Erlau III, 475, 563.
ein wol gezogener knecht Innsbr. 475.
hovelich Wien 313, 28.

Er ist noch jung:
Nu bistu doch under der huben bloz. Innsbr. 490 = Erlau III, 147; (vgl. 148—151).
Ich bin jung und hovelich, Wien 313, 28.
Ich haifz der liecht, vein, zart guldein Rubein, Erlau III, 137.
Du herzer truter knabe Innsbr. 641; vgl. Alsfold 674.

Er ist sehr den Frauen ergeben, ja ausschweifend:
Ich habe in dem nacke kulpechte*) haar. Innsbr. 492.
Ich bin gar eyn getruwir knecht
czue frawen dinste fuge ich recht. } Innsbr. 463—64.
Eya, here, daz ist mir leyt,
daz ir vergefzet uwir hobescheyt; } Innsbr. 931—38.
ir habit unhebeschlich getan etc.
über seine Ausschweifungen Erlau III, 901—4, 128—134.

Die Frauen sind ihm aber auch sehr geneigt:
Rubin lyber bule Innsbr. 977, Erlau III, 881.

wohl deshalb, weil er sich auch als Schreiber ausgiebt (Wien 316, 15—18; vgl. Fastnachtsp. s. 620, 14). denn nach der übereinstimmenden Auffassung der Volkspoesie (vgl. auch die Magdalenenscene) werden die Schreiber von den Frauen besonders bevorzugt. Deshalb geht die Frau des Krämers später auch so gern mit ihm durch.

Sein gewöhnlicher Aufenthalt ist Baiern und Franken:
czu Francken han ich vil gelogen
czu Beygern vil lute betrogen; } Innsbr. 471—74;
wult ir mit mir durch dy lant vgl. 643—45.
wir werden beyde geschant. Erlau III, 114—15.

---

*) l.: „kupelechte(?)"

Auch kan ich stelen und gar wol verslan,
und bin doch nie zu der staupe gehan.
Aber in Beierlant
da wart ich durch die backen gebrant:
Wer ich nicht entgangen,
man hette mich vorwar gehangen.

Wien 314, 1—6; vgl. 314, 10, 13—18.

Nach dem Erlauer Spiel III, 162—209 ist er weit in der Welt herumgekommen, von Holland und Frankreich bis in den Orient!

Ich pin gewezen ze Françenne
und dacz der schul Publerne etc. etc.

Erlau III, 163 etc. etc.

Er ist also in der Schule gewesen, besitzt einge gelehrte Konntnisse, kennt etwas Latein, womit er gern prahlt:

Aleporta kurian
xitas exitas termax.

Innsbr. 698—99; vgl. 634—36.

Ibant, ibant tres mulieres etc. 853—56.

Ich kan auch in der latern
holermus und papelchern,
erskibi gunkelphifili,
Otten Ottel domini,
das ist in der latein.

Erlau III,168—72. u. a. Stellen; vgl.714—15; 740, 815 f. s. 39, b. Nuper veni etc.

ebenso mit Heldennamen der Heldensage, was auch der Krämer thut z. B.

Ich heifze der krum Eckart Innsbr. 603 = Erlau III, 135; Sterzing 157, 34.

Ich zerper im sein palkch,
das dem selbn Pittrolf
der hals geswilt als ein wolf.

Erlau III, 912—14.

Gern würzt er seine Rede mit einem volkstümlichen Liede, (ebenso der Krämer) z. B.

Min fridel, iz ist na by dem tage
eyn esel solde eyn sag trage etc.

Innsbr. 700 ff.

(Taglied Dietmars v. Aist vgl. Germania III, 488).

So gronet daz graz
und loubit der stog etc.

Innsbr. 494 etc.; ganz ähnlich Erlau III, 212—217.

Min her der hat mich uz gesant
czu eyner schonen frawen etc.

Innsbr. 664—67.

Ich waiz ein smal praune maid,
der ist so laid etc.

Erlau III, 384—95. Vergl. Uhland Volksl. No. 4 (s. 14 f.); Germania 28, 103.

Lieder wie:
hye komt meister Ypocras
de gratia divina,
sin muter eyner meister eyn sclegel vras
in arte medicina.

Innsbr. 531—35.

oder:

Hic est magister Ypoeras
de gratia bovina } Alsfeld 7483—84.
Non est juventus melior in arte medicina.

erinnern an entsprechende der Carmina Burana; vgl. auch Fastnachtsp. s. 696,5 etc. — und an das bekannte Lied: Ich bin der Doktor Eisenbart etc. Hoffmann, In dulci jubilo 20.

Seine Hauptbeschäftigung ist die eines Lustigmachers, allein er tritt auch als Kaufmann (Innsbr. 314, 11—12; Erlau III, 112—13) und Arzt auf (Wien 313, 29—30 u. a.), sogar als listiger Knecht. Er hält sich aber zu etwas Höherem geboren, denn er will ein Ritter werden: Innsbr. 647—55.

Er spricht, wolle ich czu rittere werden
er wolle mir helfen mit synem pherde etc.

und sucht einen Pagen: Innsbr. 658—64.

Geselle, daz wil ich dir sage,
du salt mir myn swert nach trage
und salt mir uff seczen myne ritters hube etc.

Die Frau des Krämers spricht die Befürchtung aus, dafs er schliefslich Schulmeister werden wolle, was ihr sehr mifsfallen würde. Vgl. oben s. 24. Übrigens erinnert jene Entführung der Krämersfrau an das in allen Spielmannsepen so oft wiederkehrende Motiv der Entführung und Wiederentführung. Vgl. auch Thien, Übereinstimmende und verwandte Motive in den d. Spielmannsepen 27; und „über den Typus des Spielmannes" 28 etc.

Die Knechte Rubins.

Im Innsbrucker und Erlauer Spiel III wiederholt sich die Scene zwischen dem Krämer und seinem Knechte nochmals, indem Rubin sich auch noch Unterknechte dingt. Diese heifsen im Innsbr. O. Sp. 586, 595, Pusterbalk und Lasterbalk, Innsbr. 634 ff.; im Erlauer O. Sp. III Pusterpalk v. 280, 295.

Die Unterknechte sind offenbar nur deshalb eingeführt, um den Auftritt noch mehr auszuspinnen und Gelegenheit zu neuen Späfsen etc. zu geben. Die Scenen zwischen Rubin und den Unterknechten sind nicht nur in Anlage und Ausführung den andern genau nachgebildet, sondern teilweise wörtlich mit Benutzung derselben Versikel bearbeitet. Die eingelegten Späfse etc. aber sind neu und zwar von der rohesten Art. Vgl. Innsbr. 574—693; Erlau III, 236—328; 399—500; 594—680. — Das Innsbrucker Spiel 939—59 führt auch eine Magd der Krämerfrau auf, welche ihre Herrin verteidigt.

Teufelsscenen und Teufelsspiele.

Teufeleien, Teufelsscenen, Teufelsspiele gehörten zu den beliebtesten Auftritten des mittelalterlichen Schauspieles. Den Anstofs zur Einführung derselben in das geistliche Drama gab die Bibel, die geistliche Dichtung, teilweise auch das kirchliche Ritual. Schon im Paradies trat ja der Teufel auf und verführte die ersten Menschen, ebenso versuchte er Hiob und Christum zu Fall zu bringen (vergl. auch Mone, Schausp. d. Mittel. II, 16).

Diese Berichte werden dann auch in verschiedenen Passionsspielen dramatisiert: **Verführung der ersten Menschen.** Wiener P. Spiel 80—135, Eger Fronl. Spiel 373—512, (vgl. Alsfeld P. Sp. 650—56). **Versuchung des Hiob:** Heidelberger P. Spiel 4073—4514; vgl. Mone, Schausp. d. M. II, 17. Anmerk. **Versuchung Christi:** St. Gallen P. Sp. 112—115; Frankf. Dirig. (Archiv s. 138); Alsfeld. P. Sp. 1138—97; Donaueschingen P. Sp. 387—432; Heidelb. P. Sp. 257—316. Auch die Empörung und den **Fall Lucifers** nach der Schöpfung hatte die geistl. Dichtung mehrfach behandelt. Die Verfasser der grofsen Pass. Spiele dramatisierten auch diesen Auftritt und benutzten ihn zur Einleitung ihrer Dramen. Wiener P. Spiel 6—35; (vgl. Alsfeld, P. Sp. 145ff.); Eger Fr. Sp. 29—317.

Die Hoffart, der Übermut, welcher Lucifer zum Verderben gereichte, offenbarte sich aber auch bei vielen andern Personen und Begebenheiten, von welchen die Bibel erzählt. (Vergl. Mone, Schausp. d. Mitt. II, 16f.). Der Gedanke liegt nun sehr nahe (und die Bibel spricht das auch gelegentlich so aus), dies auf eine Einwirkung Lucifers zurückzuführen und ihn also persönlich dabei auftreten zu lassen. Dies geschah wohl zuerst bei der eiteln, übermütigen **Maria Magdalena**, bei der Christus nach Mark. 9, vgl. Luk. 8, 2 sieben Teufel ausgetrieben hatte. (Vergl. auch die Auffassung von Kummer, Erl. Spiel XLVIII.) Wiener P. Sp. 279—506; Erl. Spiel V, 296—310; 336—342 ff.; Alsfeld P. Sp. 1770—81, 1789 ff.; 1832 ff.; Eger Fr. Spiel 2909—18, 3025 ff. Vergl. hierzu auch: ein schön spil von fraw Jutten, bei Keller, Fastnachtsp. No. 111 besonders von s. 903 an.

Nachlese Nr. 125, 131.

In den Magdalenenscenen der andern Spiele ist der Teufel weggelassen.

In welcher Weise, in welchem Umfang diese Einwirkungen des Teufels weiterhin dramatisch verwertet wurden, zeigt z. B. das Alsfelder P. Spiel. Das Stück ist von ernsten und humoristisch gefärbten Teufelsscenen gleichsam durchwoben.

Die Teufels-Scenen und -Spiele sind in bezug auf Anlage, Gedankengang und dramatische Bearbeitung einander so ähnlich, dafs man sieht, alle sind nach einem festen Schema bearbeitet. Sie zerfallen in 3 Arten:

1) solche, welche die **Erlösung der Seelen aus der Hölle** durch Christum darstellen.

2) solche, welche den **Teufel als Urheber und Beförderer aller Sünden** schildern (vgl. die betr. Scenen des Alsfelder P. Spieles v. 133—151 Versammlung der Teufel u. Beratung, wie das Erlösungswerk Christi auf Erden zu hindern sei; 620 etc. neue Beratung. Wir sehen nun die Teufel alle Personen aufhetzen, welche nach dem Bericht der Bibel besondern Einflufs auf das Erlösungswerk ausübten z. B. die Frau des Herodes, — Tod des Johannes 698—729; die Teufel holen die Frau samt ihrer Mutter in die Hölle, 1040 etc.; Judas 3130—40; die Teufel holen Judas 3668 etc. etc. Ebenso im Eger Fr. Spiel u. a.)

3) solche, welche den **Teufel als Bestrafer der Sünde, als Richter** über die Gottlosen auftreten lassen.

Von besonderer Bedeutung sind die Scenen 1. und 3. Art. Über die erste ist oben weitläufig gehandelt worden. Einen ganz anderen Charakter zeigen die Scenen der letzten Art. Der Grundgedanke derselben ist zwar sehr ernst, allein sie sind so sehr mit weltlichen, humoristischen, satirischen etc. Elementen durchzogen, dafs man diese Auftritte allein **Teufelsspiele**, auch **Teufelskomödien** genannt hat.

Je nachdem die Spiele dieser Art mit den Scenen der 1. u. 2. Art verbunden werden, erfahren sie einige Modifikation. In verschiedenen Osterspielen folgen auf Scenen der ersten Art die der 3. Art, oder anders ausgedrückt: auf die Befreiung der Seelen aus der Hölle folgt das eigentl. Teufelsspiel. In manchen Passionsspielen findet sich eine Verbindung der Scenen 2. und 3. Art, vgl. z. B. im Alfelder P. Spiel. Endlich werden die Scenen der 3. Art ohne jeden Zusammenhang mit andern behandelt, so im Redentiner O. Spiel, Erlauer Spiel IV, Haller Passion (Germania XI, 97).

Trotz dieser Modifikationen zeigen doch alle folgende gemeinsame Anlage:

Scene: I. Lucifer ruft die Teufel zusammen: Wiener P. Spiel 36 ff.; Redentin 1145—56. 1239 ff.; Erlau IV, 26—31, 140 ff.; Alsfeld 133—138; Haller Passion. Friedberg, Passions-Sp. Pfarrk. Passion 99. vgl. Fastn. Sp. s. 438, 16—439.

IIa. Lucifer beklagt seinen Fall: Wiener P. Spiel 38—54; Innsbr. 406—21; Eger 183—252 (293); Friedberg. Pass. Spiel. (Haupts-Zeitschr. VII, 547); Redentin 1919—40. 900—902.

IIb. Lucifer beklagt den Verlust der Hölle durch die Wegführung der Altväter: Innsbr. 271—84; Wiener O. Sp. 305, 23—306, 2; Redentin 1035—1078. vgl. Mastricht. O. Sp. 27—36 Pfarrk. Passion 99.

IIIa. Unterredung (Beratung) zwischen Lucifer und den Teufeln, besonders mit Satan: Wiener P. Spiel 55—73; Innsbr. 285—96; Wiener O. Sp. 306, 3—24; Redentin 1095—1108, 1157—1238, 1239—1304; Erlau IV, 32—131; Alsfeld 163—351, 620—697 Haller Passion. Fastnachtsp. s. 442—444. 505, 15—506. 906, 15—908.

IIIb. Die Teufel treten auf, nennen ihren Namen, schildern ihre Thätigkeit, worauf Lucifer (einzeln) antwortet. Redentin 1239 ff.; Erlau IV.32 ff.; Alsfeld 352—464; Haller Passion. Friedberg. P. Sp. Pfarrk. P.

IV. Lucifer schickt die Teufel aus, Seelen herbeizuholen (die er näher bezeichnet): Wiener P. Spiel 74—79; Innsbr. 297--361; Redentin 1079—1144, 1281 ff. 1940 f.; Erlau IV, 140—151, 296—309; Alsfeld 308—17; Haller Passion. Germania XI, 98; (vgl. Wiener O. Spiel 306, 3—14) Friedberg. Pass. Spiel (Haupt's Zeitschr. VII, 548). Pfarrk. P. s. 499, 31-500, 8, s. 903.

V. Gerichtssitzung: Herbeiführung, Vorhör, Verurteilung oder Freilassung der Seelen: Wiener P. Sp. 148—278; Innsbr. 362—405; Erlau IV, 152—295; Redentin 1305—1974; Haller Passion, Germania XI, 99. Pfarrk. Passion 100. Fastnachtsp. s. 938—942.

Für die Anlage und Ausführung der Teufelsspiele sind die betr. Auftritte des Wiener P. Spieles 1—278 von der gröfsten Wichtigkeit. In diesem Spiele (aus dem 13. Jahrh.) erscheinen solche Teufelsscenen wohl zum ersten Male im geistlichen Drama und zwar gleich so, dafs sie für die ganze folgende Zeit als Muster dienen. Zunächst natürlich für die entsprechenden Scenen in den grofsen Passionsspielen z. B. Eger 93—316; Alsfeld 133—351, aber auch für alle Osterspiele, welche ein Teufelsspiel mit einer Gerichtssitzung Lucifers enthalten. Die humoristisch-satirische Darstellung wird fast in allen Spielen dieser Art nachgeahmt und bis zur Roheit gesteigert. Viele Redewendungen (Formeln des Auftretens, der Anrede, Antwort etc.) Lucifers und der andern Teufel bleiben sterotyp für alle Spiele. Auch die Klage Lucifers über seinen Fall findet sich in vielen Osterspielen zum Schlufs der Gerichtssitzung. Nachdem die herbeigeführten Seelen ihre Schuld bekannt haben, thut Lucifer dies schliefslich auch. — Ich stelle zunächst die gebräuchlichsten Versikel, Formeln etc. zusammen.

Scene I.

Fastnachtsp.
4(1), 11-12 =
938, 16—17.

1 Wol her gesellen
alle auz der hellen. } Wiener P. Sp. 36—37.

Nu wol her auz der hellen
lieben mein gesellen } Erlau IV, 26—27.

Wol her, wol her, wol her, wol her
alle duvelische her. } Redentin 371—72. vgl. 373—74.

Her kommet vor meine helle
mich und meine gesellen etc. } Wiener O. Spiel 304, 5—6.

Woil her, woil her ufz der hellen,
Sathanas und alle dine gesellen. } Alsfeld 133—34.

Wol her, wol her alle helsche her! Friedb. P. Sp. Haupts. Zeitschr. 7, 547; ferner Hess. Weihn. Sp. 718f.; Künzl. Fr. Sp. 111; Haller Pass. 30.

2 Ich dang eu herren alle
daz ir mir mit schallen etc. } Wiener Pass. Sp. 38—39.

Gesellen, lieben gesellen alle
komt mit eime grufzen schalle. } Innsbr. 271—72.

Nachlese
89, 6—7.

Nu pruwet gesellen alle
wie uch dit gevalle. } Mastricht. O. Sp. 13—14.

Ähnliche Formeln finden sich sehr zahlreich in der volkstümlichen und geistl. Litteratur vgl. Uhland, Volkslieder I, 145,1; II, 222,1. 265,1. 299,29; — 233,6 etc. — Passional 100,6—7; Leben Christi, Haupt's Zeitschrift 5, 18f.

vergl. auch:

Wol her, wol her aus der helle,
alle mein lieben gesellen } Fastnachtssp. s. 492, 8—9; 491, 26—27; 494, 3—4; 438, 15—16. Nachlese 89, 21—22.

II.

1 Das han ich allez gar verlorn
ich han verdient mins schepfers zorn. } Wiener P. Spiel 38—39.

Wir haben die sele vorloren
das last uch allen wesen zorn. } Innsbr. 278—79.

Ich habe mein liebes volk verlorn,
das ist mir leit unt tut mir zorn. } Wiener O. Spiel 305, 25—26.

De hebbe wi deger und al forloren,
wente ze hebbet us forkoren. } Redentin 1255—56; 1919f.

Ach nu bin ich vorloren,
want ich hab die hoffart ufzerkoren. } Alsfeld 147—48.

So sich ich, das es ist verlorn,
ich bin gefallen in gottes zorn. } Eger 235—36.

Ich han verdint Gotes zorn
dar umb so kan ich verlorn etc. } Künzl. Fronl. Spiel 404—405.

Des bistu iemer me verlorn
dazu so bringet dich gotes zorn etc. } Hoffmann, Gesch. d. Kirchenl. Nr. 59, v. 5—6. Vergleiche:

ähnlich formelhafte Ausdrücke sehr zahlreich in **Marienklagen**.

2 Waz ein engel schon unt clar
nu bin ich verschaffen gar. } Wiener P. Spiel 42—43.

Ich waz ein engel klar
und lichte ubir aller engel schar. } Innsbr. 408—409.

Hie vor was ich ein engel clar
nu bin ich vortoifzen gar. } Alsfeld 151—52; 256—51; 7281—32 u. 5.

Hort ich pin schon und darzu klar,
was ich euch sag, das ist war. } Eger 93—40. — Wiener Passionsspiel 6—7; vgl. Eger 109—110, 160—61, 189—90 u. 5.

Michael en engel klar,
ich antworde di deze schar etc. } Redentin 667—68; vgl. Künzl. Fronl. Spiel 96—97.

3 Schon waz min angesicht
want von mir schein gotes liht. } Wiener P. Spiel 44—45.

Ich bin aller welt licht
der mir volcht der kompt nicht
ymer in vinsterkait. } Künzl. Fronl. Sp. 79—81; vgl. 100—101.

vgl. auch Eger 99—100.

4 Clar alsam der sunne,
ich waz aller engel wunne. } Wiener P. Spiel 46—47.

Viel schoner dan die sonne
und luchte als ein röstrige phanne. } Alsfeld 173—74.

Du luchtest als der sünnen schein
du magst ouch unser got wol sein. } Eger 111—112; vgl. 95—96. Mastricht. P. Sp. 9—10.

Vi liep, du bist min clare sunne
du machst mir unsegliche wunne. } Minne Spiegel 66 5—66. Bartsch, Erlösung 242 f. Vgl. hierzu:

besonders Einbecker, Sündenfall 504—505.

5 Owi, owi hoemut
du wurde nie gut. } Wiener P. Spiel 50—51; vgl. 12—13.

Owe, und owe hoffart und obermut
nu erwirbestu doch nummer gut. } Alsfeld 145—46. = Friedberg P. Sp. (Haupts-Zeitschr. 7, 547).

Und din groifs ubermut
der sal nummer werden gut. } Alsfeld 7243—44; 7147—48.

Umb meinen grossen ubermüt
der staz was bofz und nimmer güt. } Eger 237—38.

Dein hoffart vnd vbermut
sol dir nummer werden gut. } Künzl. Fr. Sp. 140—41.

Lucifer, din overmuet
hait dir benomen al dat guet } Mastricht. P. Sp. 17—18.

ferner Haller Passion. Germ. XI, 97. v. 3—4; Redentin 1919—20, 1937—38.

Vergl.: Sin schone gab im ubermut
als ez noch den luten dut. } Erlös. 227—28.

In warf von himel sin vbermut
als er noch vil manigem tut. } Loben Christi 13—14; Uhland, Volkslieder V, 142, 1, v. 9—10; 144, 4; 162, 6; 180, 10; 270, 1.

6 Ich hatte mich des vormefsen,
daz ich welde hochir han gesefsen
wen der ware got,
der da ist der hochste rat. } Innsbruck 410—13.

Des erhub ich mich also sere:
ich wol min stull seczen uber min scheppere. } Alsfeld 155—66.

Mein stul, den wil ich sezen schon
auff in den allerhegsten thron. } Eger 105—106.

Und setz mein stul eben vnd fein
jch wil selber got sein } Künzl. Fr. Sp. 2a, 106—107.

Vergl.: In dem himeltrone
saz er mit wirde schone. } Erlös. 217—18; vgl. Leben Christi, Hauptszeitschr. 5, 15—16.

Lucifer ward gar anne spot,
sein stul den saczt er neben got. } Wackernagl. Kirchenlied. Nr. 434, 4, v. 11—13.

7 Dar ufz wart ich vorstoifzen
mit allen minen genoifsen. } Alsfeld 159—60; 212—13.

Nu wol her all mein genofsen,
di mit mir von himel sein gestofsen. } Erlau IV, 28—29 = Eger 373—74; vgl. 7458—59.

Des mustu werden verstassen
mit allen deinen genassen. } Künzl. Fr. Spiel 144—45, 164—65; 208—209.

Vergl.: Von dannen was vestozen
mit sinen salgenozen. } Erlös. 213—14; vgl. Leben Christi 48—49.

Lucifer ward durch die erste verstozen
von himel, er und ander sin genozen. } Reimar v. Zweter. Wakerngl. Kirchenlied Nr. 128, v. 7—8.

Und allen mein genofzen,
die mit mir wurden verstofzen. } Fastnachtsp. 492, 10—11.

8 Dez muz ich in die helle
ê Satan, min gesellen etc. } Wiener P. Spiel 54—55.

Vil tiff in die helle
ich und alle min gesellen. } Innsbr. 416—17.

Des mot ik nu mit minen gesellen
an der ewigen helle kwellen. } Redentin 1511—12.

Ende alle dine gesellen
nu vart zu der hellen } Mastricht. P. Sp. 21—22; vgl. Alsfeld 197—98, 205—6; 249—50 u. a.; Eger 173—174.

Vergl.: Wan er muez die helle
immer bawen mit sinen gesellen. } Leben Christi v. 31—32.

Do sprach zu im die helle } Passional 99, 35—36; vgl. Einbecker
owi, owe geselle etc. } Sündonfall 634 f.
Hie in diser hellen
mit allen meinen gesellen. } Fastnachtspiel 938, v. 26—27.
Die pring uns in die hellen
mit andern unsern gesellen. } id. 500, 7—8.

III.

1 Lucifer, lieber here } Innsbr. 285—26; vgl. Fastnacht. Nach- Satan:
din schade ruwet mich sere. } lose s. 122, 1 ff.
Here Lucifer, leve here,
de wech ne schal us nicht wesen to fern. } Redentin 1101—2.
O Lucifer here,
bistu nu worden ein predigere? } Alsfeld 163—164.

Auftreten der Teufel:

2 Herre, ich heizze Satanas, } Wiener P. Sp. 64—65; Egor 281—82; Haller
die ic wider got was. } Pass. 97, 12.
Hore, herr Satanas,
der ic wider got was. } Wiener O. Spiel 304, 17 18 = Erlau IV, 296—97.
Herr, ich haifz Sathanas, } Erlau IV, 32—33; 282—83; vgl. Alsfeld 203f.;
der ic der pest was. } 239f.; Redentin 1691f.
Herre, mich haifzet Spiegelglantz!
und fure dissen schonen dancz. } Alsfeld 354—55.
Herr ich haifz Rosenchranz } Alsfeld 266—67;
zu frawen spring ich an den tanz. } Erlau IV, 80 81.
Herre ich haifz Astoroth, Alsfeld 386 == Erlau IV, 58; vgl. ebenso Alsfeld 282, 320, 368, 374, 422.
Lucifer ik hete Puk etc. Redentin 1305, 1445.
Herre ik hete Belial Redentin 1555 = Alsfeld 968, u. a. m.

Ich und mein geselle Sathanas } Fastnachtsp. 907, 6—7, 901, 19—20; Vergl.:
der dir ie der liebste freund was } Nachlose 122, 11f.

Auch die Art und Weise, wie die Teufel auftreten, ihren Namen nennen etc., entspricht ganz der des Volksschauspieles Fastnachtsp. z. B. s. 139, 22, 35; 140, 13, 29; ferner No. 109; 28 etc.

3 Wir sullen alle do nach ringen
daz wir sie zu uns bringen. } Wiener P. Spiel 76—77.
Ouch wil ich dar nach immer ringen
ich wulle dir vil sele bringen. } Innsbruck 289—90.
Dat we to male dar na ringen, } Redentin 1099f.; vgl. 1073—74;
dat se jo wat tor kokene bringen. } 1227—28, 1301—2; 1995—96.

	Her Lucifer ich wel mich des underwinden	Alsfeld 344—48.
	und wel mit flifz dor nach ringen.	

Vergl. Titurel 169.

Dar nach sol min dienst imer staeteclichen ringen
wie lebe ich die zit, daz ez min hant müeze bringen.

Lucifer:

Fastnachtsp. 505, 31—32.	4 Hab dang, Satanaz! vil lieber vreunt, ich sag dir daz.	Wiener P. Sp. 74—75.
	Hab dankch, lieber Satanas, der mir ie der pest was.	Erlau IV, 50—51.
	Hab danck, mein lieber Sathanas nach deinem rat verbring du das.	Eger 401—2.
	5 Dank hebbe, min fel leve knecht! du dorst jo dime dinge recht etc.	Redentin 1187—88.
	Dank habe, Sathanas, min lieber knecht! zu unsen dingen bistu gerecht! P. Sp. Haupts Zeitschr. 7, 548.	Alsfeld 199—200; vgl. 228—29, 175—76, 1056—57; Friedberger
	6 Danck schaltu immir han min vil liber kumpan.	Innsbr. 364—65; vgl. 291—92.
	Des hebbe stank min leve kumpan, Fedderwisch des saltu habin stang!	Redentin 1388, 1498. Friedberg P. Sp.
Vergl.:	Hab dank, mein lieber knecht! thuostu das, so thuostu recht.	Fastnachtsp. s. 443, v. 30—31; Noithartspiel. 186, 5; 452, 31; 907, 16; 908, 32 u. a.
	7 (Dem wolte ich ze rehte) geben ze lone eine fiurine crone.	Wiener P. Spiel 61—63 = Erlau IV, 52—53; vgl. 105—106, 128—29; Künzl. Fr. Sp. 352, v. 212 f.; 106 f.; 128 f.
Fastnachtsp. s. 505, 32—33	= Und wel der geben zu lon in der helle ein furige kron.	Alsfeld 232—33; vgl. 201—2; 216—17, 236—37 u. ö.
Fastnachtsp. s. 907 v. 32—35. (ein sp. v. Fr. Jutten)	= Notir ich gib dir ze lon in der hell ein feurein chron, de ist wol umbhangen mit natern und mit slangen.	Erlau IV, 128—31.
Vergl.:	So wirt gegeben dir ze lono vn ze himelrich diu chron.	Leben Christi 337—38; vgl. Unser Vr. klago 1172—73.
	Un gap — der magede ze lone die himelische chrone.	St. Margareten Marter Germania 4, 440, (v. 535—36).

Diese ganze Scene: das Auftreten der einzelnen Teufel, die Unterredung mit Lucifer — ist meistens humoristisch — auch wohl cynisch gehalten; man vgl. nur einmal das Erlauer Spiel IV und Alsfelder Spiel. Die verschiedenen Teufel wurden meistens individualisiert; jeder hatte seine Spezialität, in der er Meister war. Jeder war gleichsam die Personifikation einer bestimmten Sünde, zu welcher er die Menschen verführte, wozu er alle Mittel und Wege benutzte. Dem entsprechend werden ihnen auch meistens die Namen beigelegt, welche beides, Charakter und Thätigkeit des Teufels ausdrücken sollen. (Sieh diese Namen Alsfeld. P. Sp. 444 etc. Weinhold, Gosche's Jahrbuch 18—19; vgl. Fastnachtsp. s. 259, 6—15 u. a.)*) Dem Publikum wird dies dadurch bekannt gemacht, dafs jeder Teufel gewöhnlich bei seinem ersten Auftreten seinen Namen nennt, seine Eigenschaften, seine Thätigkeit etc. schildert.

Dem Charakter, der Thätigkeit entsprechend, giebt Lucifer auch jedem Teufel eine echt teuflische Belohnung; vgl. z. B. Redentin 1329—33; 1380; 1417—18; 1561—62; 1595—1600; 1657—1680. Erlau IV, 50—57; 106—7; 128—31; — ferner die Versikel oben s. 36 Nr. 7.

Alsfeld 199—206; 214—17; 228—33; 244—49; 266—71; 346—51.

Eine eingehende Vergleichung des Erlauer Spieles mit entsprechenden Scenen des Neithartspiles Fastnachtsp. s. 438—444, oder mit No. 28, und No. 109 ergibt, dafs sie nicht nur denselben Stil, sondern auch sonst mancherlei wörtliche Übereinstimmungen zeigen.

IV.

Nach dieser Unterredung werden die Teufel auf neuen Raub ausgesandt. In den Osterspielen, welche diesen Auftritt haben, bezeichnet Lucifer ausdrücklich dafür Menschen jedes Standes, Ranges etc. von dem Kaiser, Pabst bis zum Bettler.

Man sollte daher auch erwarten, dafs später die Teufel Seelen aus allen Ständen etc. herbeiführten, wie dies ähnlich beim Totentanz geschieht. Allein dies ist durchaus nicht der Fall, wie wir gleich sehen werden.

In den Passionsspielen werden die Teufel blos auf einzelne Personen abgeschickt, z. B. im Wiener P. Spiel zur Verführung der ersten Menschen; im Alsfeld. Spiel zur Verführung der Herodias, des Judas etc.; — welche sie dann nachher auch in die Hölle schleppen. Vergl. oben s. 30.

V.

Die V. Scene ist die wichtigste und beliebteste der Teufelsspiele, da diese den Verfassern am besten Gelegenheit darbot satirische Elemente einzuflechten. Man mufs bekennen, dafs sie dabei recht unparteiisch verfuhren, sich selbst ebenso wenig schonten, als Sebast. Brant es that; nur der Verfasser des Redentiner O. Spieles ist, gewifs aus lokalen Rücksichten (?) so inkonsequent, den Geistlichen wieder aus Lucifers Macht zu befreien.

Das erste Vorbild und die Grundlage für diesen Auftritt bot, wie schon bemerkt, das Wiener Passionsspiel 148—278; darnach ist die kurze Scene des Innsbr. O. Spiel 362—405 bearbeitet. Die Verfasser des Redentiner und Erlauer Spieles benützten offenbar die beiden vorigen Sp. als Vorlagen, welche sie weiter ausführten.

Der Gang der Handlung in dieser Scene ist im einzeln folgender: Die Teufel schleppen die eingefangenen Seelen vor Lucifer. Dieser vertritt in den ältesten Spielen mehr die Rolle eines Beichtvaters (Innsbr. Wien,) später tritt er mehr als Richter, als „sinnia dei" auf. Im Wiener P. Sp. und Innsbr. O. Sp. ist die Scene noch einfach. Die Seelen treten unmittelbar nach einander auf, bekennen ihre schlechten Thaten etc., werden alle in die Hölle geschickt, oder wegen allzugrofser Schlechtigkeit ab-

---

*) besonders auch Mone, Schauspiele des Mittel. 1,198.

gewiesen. Letztere Strafe trifft die Wüstlinge und Wollüstlinge, zu welchen letzteren auch die Geistlichen und Schreiber gerechnet werden.

In den Redentiner und Erlauer Spielen ist diese Scene eigentlich erst zu einer vollständigen Gerichtssitzung geworden. Das ursprüngliche Sündenbekenntnis der Seelen bleibt stehen. Dazu treten nun Erweiterungen, welche dem Bekenntnis voran oder nachgestellt werden, und zwar werden jene den Teufeln diese dem Lucifer zugeteilt. Im Erlauer Spiel findet sich erst eine Erweiterung, nämlich Lucifer beantwortet das Bekenntnis jeder Seele mit einer kurzen Kritik und bestimmt jedem seine besondere Strafe. Im Rodent. Spiel zeigen sich beide Erweiterungen. Jeder Teufel schleppt eine Seele herbei, welche er Lucifer in humoristischen Worten vorstellt, auch erzählt, wo und wie er sie gefangen habe etc. etc. Lucifer dankt ihm dafür und fordert nun die Seele auf, ihr Bekenntnis abzulegen. Darauf handelt Lucifer wie im Erl. Spiel. Die vorgeführten Seelen sind:

Vergl. hierzu Berthold v. Regensburg. Predigten I. Band Von zehen koeren etc.

Adam und Eva. Wiener P. Spiel 148—188; (vgl. Innsbr. 230—39, 244—55.)

usurarius Wiener P. Sp. 189—218; Haller Pass. Pfarrk. P. (wuocherer).

Bäcker: Innsbr. 265—70 (becker); Redentin 1345—74 (pistor); Erlau IV, 194—201 (pekeh).

Predigten I, 146.

Schuster: Innbr. 366—71 (schuster); Rodentin 1381 ff. (sutor, schomaker); Erl. IV, 172 (schuster) Pfarrk. Haller Pass. (schuestor).

I, 151.

Schneider: Innsbr. 392—97 (schroter); Rodentin 1429 ff. (sneider); Erlau IV, 160 ff.; Haller Pass. s. 98.

Wirt: Innsbr. 380—83 (byrschenker); Rodentin 1459—92 (tabernator krogher); Erlau IV, 202—207 (leutgeb). Pfarrk. Haller Pass. (weinschenckh)

Metzger: Innsbr. 384 ff. (fleyschewer); Redentin 1529 f. (carnifex); Haller Pass. s. 98 (motzger).

Predigten I, 150, 30 f.

Weber: Rodentin 1499 ff. (textor, wevor). Haller Passion.

Fisch-Fetthändler: Redentin 1562 ff. (penesticus, hoker); Haller Passion 98.

Räuber: Wiener Pass. Sp. 253—278 (spoliator); Redentin 1601 ff. (rover); Erl. IV, 182 f. (rouber).

vgl. dazu: „der jüngere Totentanz" Germania 19,257 No. 17.

Geistliche: Wiener P. Spiel 219—238 (monachus); Innsbr. 372 f. (kappelan); Redentin 1701 ff. (clericus); Erlau IV, 208—227; 266—295 (schüler).

vgl. dazu: „der jüngere Totentanz" Germ. 19,257 No. 7.

Schreiber: Innsbr. 398 f. (helser); Erlau IV, 244—265 (stolzer schreiber).

Maid: Wiener, P. Spiel 239—52 (incantatrix); Erlau IV, 227—43 (schone maid). Pfarrk. Haller Pass. (diern).

vgl. hiezu: „der jüngere Totentanz" Germ. 19,257 No. 36.

Pfarrk. und Haller Pass. haben außerdem noch: Advocat (vorsprech), Kaufmann, Bauer (pawr). altes Weib (alcz weib), Murator. J. A. Wackernell, Die ält. Passionsspiele in Tirol s. 100 f. 149.

Nicht in die Hölle zugelassen werden:

prediger: Wiener P. Spiel 233—38.

clericus: (Pfaffe) Redentin 1787 ff.

helser: Innsbr. 402—405.

die schüler: Erlau IV, 282 ff.; 214 f. (Klostergeistliche?).

der stolze schreiber: 258 ff.

Auftreten der Seelen:

1 Gnade herre Lucifer! \
ach miner grossen swere. } Wiener P. Sp. 152—53.

Gnade, herre Lucifer! \
ich waz ein kundiger prediger. } id. 219—20.

Gnade herre Lucifer, \
ich waz ein armer becker. } Innsbr. 265—66.

in derselben Weise auch bei den andern Seelen vgl. Innsbr. 273f., 280f., 284f., 392f., 309f.; Redentin 1351—42; Erlau IV, 244 etc.
Häufige Formel in Fastnachtsp. z. B. s. 472, 12, 636, 27.

2 Des bin ich gote unmêre. Wiener P. Spiel 204.

Nim, Satan, den abbrecher \
er sol uns sin niht unmer. } Wiener P. Sp. 273—74.

Herr ich pin gewesen ein rauber, \
ich pin got gar unmár. } Erlau IV, 182—83; vgl. 160—61; 172f. etc.

Brenge mir auch die wucherere, \
die sint gote gar umere. } Innsbr. 311—12.

O wê, ir armen wucheraere \
dem lieben got sint ir unmaere. } Hoffm. Gesch. d. Kirchenl. Nr. 59, 1. vgl. hierzu:

ir morder und ir strazenroubaere \
ir sint dem lieben got unmaere. } id. Nr. 62, v. 89—90.

Vergl. hierzu auch Lieder der Geifselbrüder.

3 Für in die helle! \
laz in sere wellen etc. } Wiener P. Sp. 215—16.

Satan, min geselle \
für in niht in die helle. } id. 239—34.

Sathan lieber geselle, \
den brenge nicht in die helle. } Innsbr. 402—3.

Wol dan! mine knechte snelle, \
werpet den becker an der helle. } Redentin 1367—68; 1521f.

Sathanas, lieber gesell, \
trag mir den sneider in di helle! } Erlau IV, 168f.; vgl. 285f.; vgl. Kitznl. Fr.Sp.422—23; WienO. Sp. 307, 1—2; Alsfeld 401f.: 378f.

Und pring si mit mir in di hell, \
nu prelle, herr, prell! } Erlau IV, 88—89 = Spiel von den 10 Jungfrauen (Bechstein) 26, 1.

4 Vür in hin Satanas, vil lieber freunt \
vil tiefe in den hellegrunt. — } Wiener P. Spiel 171—72.

Un werpet en an der helle grunt \
dar schal he liggen so en hunt. } Redentin 1441—42; vgl. 1579—80.

Den neme ich zu derselben stundt \
mit mir in der hellen grundt. } Alsfeld 404—5; vgl. Erlau IV, 140—41.

5 Satan, min geselle,
für in (Beichtvater) niht in die helle,
chumet er zu der muter min,
er machet mir iht ein brûderlin.

Wiener P. Spiel 233—36.

Sathan, lieber geselle,
den (helser) brenge nicht in die helle,
komt her in die helle min,
wir musten alle kebes kinder sin.

Innsbruck 402—5.

Sathanas, lieber gesell,
sperr mir vor dem schûler die hell,
und cham er auf die muter mein,
er machet jung teufelein;
so musten chlagen al di teufel, die da sind
die wurden all steufchind.

Erlau IV, 284—89;
vgl. 262-63. 256-57;
vgl. auch 222—24.

Über die humoristischen, satirischen etc. Elemente in den Teufelsspielen sieh s. 41f. 43. 48.

Das Komische in den geistl. Spielen.

Weinhold hat in Gosche's Jahrbuch für Literaturgesch. I, 1 etc.: „Über das Komische im altdeutschen Schauspiel" gehandelt und dabei seine Belege meistens den Fastnachtspielen entnommen. Ich versuche hier auf einem begrenzteren Gebiete dasselbe Thema zu behandeln; ich beschränke mich auf das Komische etc. im geistl. Spiele und führe dies, sowie die Satire u. a. auf unmittelbaren Einfluſs der Spielleute, Vaganten und dergl. zurück.

Weinhold sagt (a. a. O. 2) „die eitle weltlustige Maria Magdalena zieht den Salbenkrämer und dessen Knecht nach sich, und das erste komische Zwischenspiel ist gewagt." — Demnach seien also die ersten komischen Elemente durch die Magdalenenscene in das geistliche Spiel eingedrungen! Dies kann ich nicht zugeben, das kann nicht richtig sein. Maria Magdalena tritt als „eitle weltlustige Frau" nur in den Passionsspielen auf. Nun sahen wir allerdings in den ältesten Denkmälern, welche wir besitzen, im Benediktb. P. Spiel (13. Jahrh.) und Wiener P. Spiel (13. Jahrh.) den Salbenkrämer mit Maria Magd. in Verbindung gebracht, allein wir erkannten auch, daſs gerade dieser Salbenkrämer aus einer Scene der Osterspiele entlehnt ist. Also kann nicht Maria Magdalena die Einführung des Salbenkrämers überhaupt veranlaſst haben.

Man kann übrigens auch gar nicht erweisen, daſs die ersten komischen Elemente durch die Rolle des Salbenkrämers eingeführt wurden, denn es giebt auch Osterspiele, in welchen diese Scene ohne jede komische Färbung ist z. B. das Wolfenbütteler O. Spiel. Die oben angeführten kirchlichen Verbote gegen die Aufführung geistl. Spiele etc. beweisen vielmehr, daſs die ersten komischen Elemente in Vermummungen, Masken, Witzen und dergl. bestanden haben müssen, welche die mitwirkenden Laien, besonders die Spielleute, Vaganten sich während der Aufführung erlaubten. Dies giebt Weinhold auch später (31) selbst zu. Solche Masken und Vermummungen kommen übrigens auch später noch vor, jedoch nur um körperliche Gebrechen, Entstellungen und dergl. nachzumachen. So

z. B. wird bei dem Wettlauf zwischen Johannes und Petrus letzterer durchgängig als mifsgestaltet und lahm dargestellt:

> Zetter uber ungelucke,
> nu ist mir gebogen der rucke etc.

Wien O. Sp. 334, 19 ff.; vgl. Sterzings. 165 f.; Erlau III, 1293 ff. u. a.

Pusterbalk, der Unterknecht des Rubin sah so aus:

> er hat eyne nase alzo eyn kacze,
> er ist übir dye schuldern breit,
> sin rucke manchen hocker treyt.

Innsbruck 591—93.

Vergl. auch das ziegeunerhafte Äufsere der Krämersfrau. Wiener O. Sp. 316, 11—14; Erlau III, 223—27, 400—404.

Als Gegensatz zu den Vermummungen kommen auch Entblöfsungen des Körpers vor, z. B. Donaueschinger P. Sp. 2103—7. Malchus will die Jünger fangen, welche jedoch entwischen; statt deren ergreift er den blinden Marcellus, der blofs in ein Leintuch gehüllt bei Seite stand. Marcellus aber läfst das Leintuch fahren und entrinnt nackend! NB. Dies geschieht während der Gefangennahme Christi.

Da uns von den ältesten Osterspielen keine Denkmäler enthalten sind, so läfst sich nicht mit Gewifsheit ausmachen, in welcher Scene weltliche Elemente zuerst sich entfalteten. Am wahrscheinlichsten ist es wohl, dafs sie bei jeder passenden Gelegenheit eingeschoben wurden, sodafs sie (also gleichsam) zu allen Poren eindrangen.

Wie sich nach alledem erwarten läfst, sind Witze, Späfse, Scherze, Spöttereien etc. etc. über Personen, Sachen, Thaten etc. aufserordentlich zahlreich. Die Krämerscenen wimmeln geradezu davon; man vergl. nur z. B. das Erlauer Spiel III, 140—45, 222—27, 250—65, 286—92, 306—15, 417—20, 427 etc. etc.; — ebenso verhält es sich mit den eigentl. Teufelsspielen.

In solchen Scenen sind die Witze etc. noch einigermafsen gerechtfertigt; die meisten Verfasser haben jedoch das Bedürfnis sie überall zu machen, wenn auch die Gelegenheit mit den Haaren herbeigezogen werden mufste, oder gar recht unpassend ist. So sagt der Gärtner (Christus) zu Maria am Grabe:

> Ist ditz guter vrouwen reht,
> daz sie hie gent scherzen als ein knecht
> als vru in diseme garten,
> als ob sie eins jungelings waeren warten.

Trierer lud. 276, 6—10 und in vielen andern Spielen. Auf die Frage der Maria, ob er (der Gärtner) etwa den Leichnam weggetragen habe, antwortet dieser oft mit allerlei Scherzen z. B.

> Ich kan dein ja nicht gewarten,
> ich mufz graben meinen gärten;
> ich bereite meinen pasternack,
> und stopfe den in meinen sack etc.

Wien O. Sp. 327, 7 etc.

welche Gedanken im Sterzinger O. Sp. 154, 23—158; und Pichler s. 43 etc. breit ausgeführt und mit Motiven aus den Krämerscenen und Teufelsspielen

verwoben wurden. Wie dort der Krämer = Quacksalber die Heilkraft seiner
Salben anpreist, so hier der Gärtner die seiner Kräuter und Pflanzen
(155,11—156,12) unter Stichelreden auf den Quacksalber. Ein Knecht des
Gärtners spielt hier die Rolle des Rubin mit entsprechenden Späfsen
156,23—158.
Widerlich ist es, wenn im Donauesch. P. Spiel die Witze, Possen
während des Verhöres und der Kreuzigung stattfinden z. B. v. 2144, 2188,
2217, 2228, 2235—60, 2474, 2362, 2613, 2716, 2722, 2719, 2734—36 u. a. m.
Manchmal findet sich auch der Volkswitz, dafs jemand eine Rede
hält und schliefslich alles für Lügen erklärt:

waz ich red, daz ist nicht war. Erlau III 103, 467 etc.; Wien 313, 7.

Allerlei Mittel zur Erregung der Heiterkeit.

Aus dem Streben das Volk lachen zu machen, erklären sich leicht
manche Eigenheiten, Ausdrucksweisen etc. der Spiele, nämlich:

a) Höherstehenden (heiligen) Personen werden Scherze, komische
Ausdrücke in den Mund gelegt z. B.

Ich bin Pilatus genant
und wil bei ein richte siczen,   Innsbr. 40—43; vgl. Wien O. Sp. 299,
daz alle Juden mufzen swiczen   5—6.

Darauf antwortet ein Diener:

Fastnachtsp.   = Herre get uf das pallas sitzen
s. 154, 20—21   mit so guten witzen.   Wien O. Sp. 298, 36—37.
vgl. 314,3—4,
709, 1—2 etc.

Caiphas gebietet den Juden am Sabbat

ir sult saufleisch efsen   Erlau V, 30.

und sagt ein andermal in bezug auf Christus:

Wenn Jesus uns welte entweichen,
ich wolte jm nachschleichen   Wien O. Sp. 299, 27 etc.
und welte jn beifzen in ein knie etc.

b) Viele Personen treten unter Gesang und Tanz auf. Bei der Beratung der Juden macht einer den Vorschlag:

Fastnachtsp.   Gehe wir zu Pilato drate etc.
s. 580,19—20,   darzu wellen wir reien und singen   Wien O. Sp. 300, 1—6.
196, 31—32.   dafz uns wol gelinge.

Darauf ziehen sie dann auch singend (oft auch tanzend) zu Pilatus:
Wien O. Sp. 307, 23; Innsbr. s. 113; Eger Fr. Sp. s. 278; Erlau V, 73—76;
Wien O. Sp. s. 300. Vergl. hierzu Grimm, Zeitschr. f. d. Alt. 9, 305, 312.

Die Ritter ziehen singend und tanzend zum Grabe: Wiener O. Sp.
s. 302; St. Gallen P. Sp. s. 124; Erlau V, 277 ff.; Sterzing O. Sp. 143,
1—4 etc.; Donaueschingen 3852.

Gesänge der Juden.*) Um den Gesang der Juden wiederzugeben
und zugleich lächerlich zu machen, konstruiren sich die Verfasser einen
Text, ein Mischmasch von lateinischen, griechischen, hebräischen, deutschen etc.

---

*) Vgl. Schönbach, Götting. gel. Anzeigen 1882 II. 687 ff.

Wörtern, was als Ganzes betrachtet ein barer Unsinn ist, z. B. Innsbruck s. 110; Erlau 1, s. 5. 7; Erlau V, s. 126; Alsfeld s. 61. 66. 245; Frankf. Dirig. No. 141; Pichler s. 59; Donaueschingen s. 184. 187. 252; Augsburg. P. Sp. s. 64. Der Text stimmt teilweise wörtlich mit dem in den Fastnachtspielen No. 106 (s. 798); ferner s. 7, 181.

Der Höllentanz, Tanz Lucifers. Hierher gehören auch die Tänze, welche Lucifer und die Seinen zur Belustigung des Publikums aufführen. Vergl. z. B. den Gesang mit Tanz im Alsfelder P. Sp. 139—140:

Lucifer in dem throne, ringelin rifz } ebenso Friedborg. P. Spiel
der was ein engel schone, ringelin rifz! } (Haupts. Zeitschr.) 7, 547; Künzl. Fr. Sp. v. 205.

Lucifer in trone, das re } Haller Passion 98, 14 f.;
der was ein engel schone — das re, ra. } ferner Alsfeld 460 ff.: Redentin 1328, dazu Mone
Schausp. d. Mittel. II, 81, Anmerk.; Erlau IV, 132 etc.

Incafatus pratus, vultus chusultus etc. etc. Vgl. hierzu Fastnachtspiel s. 901, 35 etc.; Schönbach in Gött. gel. Anzeig 1882, II, 880 f.; Grimm, Zeitschr. f. d. Alt. 9, 310.

Luciper in deim throne,
rimo rimo rimo,
warstu ein engel schone, } ein spil von fraw Jutten.
rimo rimo rimo etc.

und zum Erlauer Spiel vergl. Fastnachtsp. 438, 25—28; 439, 10—20.

Grofses Vergnügen machten dem Publikum auch die grotesken Sprünge der Teufel, das fürchterliche Brüllen und Schreien, welches sie gern ausstiefsen, wenn sie eine Seele in die Hölle schleppten, wenn sie um ihr Opfer geprellt wurden, oder wenn die Hölle selbst in Gefahr kam z. B. Innsbr. s. 116; Redentin 1974 f.; 645—66; Alsfeld s. 18. 32. Donaueschingen 3009 etc.

Manchmal scheinen die Teufel sogar in den Zuschauerraum eingedrungen zu sein, um irgend einen Ruhestörer in die Hölle zu schleppen, was natürlich grofse Heiterkeit erregen mufste. Alsfeld v. 111—116. In den verschiedenen Teufelsspielen finden sich aufserdem noch eine Menge einzelner Züge, Ausdrücke etc., welche auf die Lachlust des Publikums berechnet waren z. B. Lucifer hängt sich wie ein Affe an einen Balken und die Teufel tragen ihn unter einem lächerlichen Gesang in die Hölle Redentin 1974. — Die Teufel hängen sich an einander und ziehen unter allerlei Grimassen im Gänsemarsch in die Hölle Alsfeld 466—68.

Einzelne Ausdrücke und Aussprüche z. B. Redentin v. 1113. 1141. 1344. 1345 f. 1380. 1418. 1494 etc.

Belohnungen der einzelnen Teufel: Redentin 1321—24; 1561—62; Erlau IV, 106 f. 128—31 u. a.

Lucifers Strafen und Drohungen, z. B. Redentin 1271—74. 1369—74. 1403—8. 1486—92. 1547—54. 1581—86 u. a. m.

Verdrehung fremder Sprachen und Wörter.

Es ist seit jeher ein besonderes Vergnügen des gewöhnlichen Volkes fremde Wörter, fremd klingende Namen zu verdrehen, zu parodieren,

44

überhaupt ins Lächerliche zu ziehen (Weinhold a. a. O. I, 12).*) Viele Beispiele finden sich davon in den Krämerscenen. Wenn die 3 Marien singen:

heu, quantus est dolor!

ruft Rubin:

Waz heu, waz heu, waz heu,
was sagit ir von heu?   *Innsbr. 875—78.*
saget uns von eygner und von kefzen. —

Meus calvo fier   *Erlau III, 714—15;*
sprach ein ochs zu einem stir.   *Sterzing 152, 15f.*

Vacum do al mala venteur   *Erlau III, 815—16; vgl. Anzeiger f. d. Alt.*
ir seit ungeheur etc.   *VIII, 311.*

Facculdey, malaventure
ach du alde ungehure.   *Innsbr. 915—16; vgl. 634—37.*

sieh auch die Citate oben s. 28; ferner Alsfeld 2365—68. 2375—79. 2397—2400.

Dobroytra, dobroytra etc.   *Innsbruck 634. 636; vgl. Anzeiger f. d. Alt.*
VIII, 311.

Anreden an das Publikum.

Gewöhnlich im Prolog, oft auch während des Spieles machen die Verfasser gegen das Publikum Witze etc., welche auf die Erregung der Lachlust berechnet sind, z. B. Wiener O. Spiel 1—29; Erlau III, 57—75, 236—47, IV, 1—25; Innsbruck 455—50. 574—85.

Roheiten, Zoten, Flüche, Scheltworte.

Wie in der Spielmannspoesie (vgl. Vogt, Einleitung CXXIVf. zu Salman und Morolt; Haupt zu Neithart 134) und in den Fastnachtspielen etc., so finden sich auch in den geistl. Spielen eine Menge Roheiten etc., deren spezielle Aufzählung ganz zwecklos wäre, da sie jedem beim Lesen sofort auffallen. Am zahlreichsten finden sich solche in den Krämerscenen, in den Gesprächen zwischen Krämer und Knecht, der Knechte untereinander, in dem Streit zwischen dem Krämer und seiner Frau, ferner in den eigentl. Teufelsspielen, in den Gesprächen der Ritter untereinander, im Verhör der Ritter u. a. vgl. z. B. Innsbr. 201f. 455—750. 790ff. 940f.; Wiener O. Spiel 319, 9ff. 320, 7ff.; Erlau III, 80fl. 149—161. 259—61ff. 368ff. 400ff. 486ff. 505ff.; vgl. den Gärtner im Sterzinger Sp. 152, 15. 153, 6. 25 etc.; Pichler s. 49 etc.; den Gang der Brüder nach Emaus, Pichler s. 49—51.

Prügeleien gehören zu den stehenden Motiven der Spielmannsdichtung (vgl. Vogt, Einleitung CXXV zu Salman und Morolt; Weinhold in Gosche's Jahrbuch 6). Kein Wunder, dafs wir sie auch in den geistl. Spielen häufig finden. Es prügeln sich hier die Kriegsknechte unter-

---

*) vergl. auch Fastnachtsp. s. 161, 23f. 162. 186.

einander oder auch mit den Juden: Innsbruck s. 115; Sterzing s. 148;
Wien O. Spiel s. 312; Donaueschingen v. 4033f.

Der Krämer und seine Frau: Wiener O. Spiel 320, 23 etc.; Innsbruck 915ff.; Erlau III, 815 etc.; Alsfeld 7598—7613.

Der Krämer und Rubin: Erlau III, 343 etc. Rubin und Pusterbalk. Innsbr. 627—29.

Vergl. auch Pichler s. 50 und Thien, Übereinstimmende und verwandte Motive in den deutschen Spielmannsepen 20f.

Satire und Parodie.

Neben dem Humor, der Lebenslust, Ausgelassenheit u. s. w. tritt in den Dichtungen der Spielleute, Vaganten etc. die Neigung zu Spott, Hohn, Satire und Parodie besonders stark hervor (vgl. oben s. 2). Es ist deshalb leicht erklärlich, dafs diese Eigenheit auch in den geistl. Spielen sich breit macht. Diese Satire wendet sich speziell gegen die Ritter.

Die Ritter werden an das Grab geschickt, um zu verhüten, dafs die Jünger den Leichnam Christi stehlen oder um die Auferstehung selbst zu verhindern. Die Verfasser geifseln nun nicht nur das Lächerliche einer solchen Unternehmung überhaupt, sondern auch die Ritter selbst, welche sich für die gröfsten Helden ausgeben, ihrer Stärke, Tapferkeit, Waffen etc. sich rühmen, schliefslich aber als Schlafmützen und Hasenfüfse verspottet werden (sieh oben s. 8ff.).

Alle diese Verhöhnungen offenbaren zugleich den Hafs des Volkes gegen einen Stand, der hochmütig, anmafsend von altem Ruhme zehrte, wo er aber mit dem Kern des Volkes zusammentraf, wie in den Schweizer- und in den Hussitenkriegen, schmählich Fersengeld gab und nur noch als Raubritter und Wegelagerer Schrecken verbreiten konnte. Einzelne Züge in diesen Satiren mögen auch „Nachzeichnungen jener Reisläufer des 15. und 16. Jahrh. sein, die ihr Blut aus angeborener Rauflust den Meistbietenden verkauften und von ihrem Mut und ihrer Rüstung Wunder verkündeten" (Weinhold a. a. O. 25). Da in den Fastnachtspielen die Ritter geradeso dargestellt und verhöhnt werden, so ergiebt sich auch hier wieder, dafs diese Schilderungen entweder gegenseitig entlehnt sind, oder aus gemeinschaftlichen Quellen stammen.

Die Verspottung des Rittertums äussert sich schon in den Namen, welche ihnen beigelegt werden. Die meisten sind der deutschen Heldensage entnommen oder sonst bedeutungsvoll gewählt, wodurch der Abstand zwischen dem einstigen und jetzigen Träger hervorgehoben werden soll. Wir finden die meisten dieser Namen auch in entsprechenden Scenen der Fastnachtsspiele, ein Beweis, dafs sie typisch waren. In einigen Spielen werden den Rittern jüdische Namen beigelegt, wodurch ebenfalls ein feiner Spott ausgedrückt wird.

Innsbr. 4 milites — ridder (primus miles etc.) = Wien, O. Sp. Sterzing 5 milites — ridder: Unverzait, Schnerenprant, Wagendrusel, Helmschrat, Wagsring; vgl. auch Pichler s. 44ff. Erlau V, 8 milites, centuriones (primus etc.). Redentin 4 milites — ridder: Salmon, Sampson, Boas fan Thamar, Sadoch. St. Gallen, milites (ohne Angabe der Zahl.) Muri 5 custodes (ohne Namen). Alsfeld: 4 milites: Isengrin, Samaroth (die andern Namen fehlen). Donaueschingen: Josue, Samson, Jobel, Samuel.

Freiburg I. Dromus, Sangor, Dorus, Brunax. Freiburg II. id. sampt dem hauptman Haia. Eger, 6 milites: Sigenot, Helmschrot, Dietrich, Hillebrant, Laurein, Tritinke. Heidelberg: 4 Ritter ohne Namen.*)
Die Ritter ziehen durchgängig mit dem Spottlied
„wir wellen zu dem grabe gan etc."
an das Grab, gehen (singend und tanzend) um das Grab herum (sieh oben), halten sogar ein Trinkgelage. Donaueschingen v. 3849 etc. Sie ergehen sich sodann in Prahlereien über ihre unvergleichliche Stärke, Tapferkeit in Waffen etc. (sich s. 8—12) die gleich darauf zu Schanden werden. In den Fragmenten bei Pichler s. 44—48 wird hier den Rittern ein Mann gegenüber gestellt, der den grofsen Thaten in Worten sofort eine solche aus dem wirklichen Leben der Ritter entgegenhält. Es sind in der That Helden, gegen welche nicht unr alle einstigen Helden wie Dietrich von Bern, Karl d. Grofse nichts bedeuten (sieh s. 8), sondern welche es auch mit der ganzen Hölle aufnehmen werden (sieh oben s. 9); daher spotten sie auch über den toten Christus (Eger 7386f.) und fordern ihn sogar heraus (Sterzing 145, 26f.). Einige Minuten darauf liegen die Helden, welche Wachen halten sollten, im Schlaf. Im Redentiner O. Spiel tritt hier ein Turmwächter auf, der durch Blasen, Singen (vgl. das Tagelied 751—58), Spotten etc. die Ritter wach zu halten sucht. — Alles vergebens, die Helden schlafen.

Infolgedessen werden die Ritter nachher von vielen Seiten stark an ihrer Ritterehre angegriffen, verspottet, verhöhnt, ja sogar mit Bestrafung bedroht. Ebenso originell wie vortrefflich ist auch hier wieder das Redentiner Spiel.

Verschiedene Stellen und Versikel, welche solche Satiren enthalten, sind schon früher zusammengestellt; ich füge hier noch folgende hinzu:

Wen ir wult ritter wesen,
so sult ir hundez pulver lesen,
daz were uch baz angeboren,
wen das ir traget ritters sporen. } Innsbruck 180—83.

Wir sind küene recken
zu einem warmen wecken. } id. 196—97.

Sweiget gummen ir affen.
unt lat euer klaffen!
ir bestundet bafz einen grützen heifz,
der da wer gemachet veist etc. } Wien O. Sp. 310, 11—16; vergl. 311, 3—10.

Zwar ir sullet ritter sein,
ir sullet hüten der swein,
ir sullet tun die swerte hin
und mit euern keulen gen. } id. 310, 29 ff.

---

*) Mone und Freybe sehen in den 4 Rittern (die meistens auftreten), welche es mit den 4 Weltgegenden aufnehmen wollen und sich dann an die 4 Seiten des Grabes niederlegen, eine Art Karrikatur der 4 Engel, welche am jüngsten Tage durch Posaunenschall nach den 4 Weltgegenden die Toten auferwecken.

Wie bistu so gar ein verzagter man
hastu doch ein eiserne pfait an! } Sterzing 146, 5—6.

Ir sneden ritter nemts in die händ
pfui, dafs euch der Neithard schänd. } Sterzing 148, 3—4.

Gi sint riddere wol gemeit
dure is ju de manheit. } Rodentin 945 -46.

Gi sint helde to der not,
gi fordenet nicht en hellink brot!
gi sint helde, dar man schal flen. } Rodenlin 351—53; vgl. 937—44; vgl. Erlau V, 456—60; 474—77.

Die stärksten Satiren gegen die Ritter finden sich, wie schon bemerkt, bei Pichler s. 44—48.

Petrus und Johannes.

Bei dem Wettlaufe zwischen Petrus und Johannes wird Petrus stets als Zielscheibe des Spottes gebraucht. Warum gerade Petrus? Ich denke, dafs auch hier der Kontrast zwischen Wort und That die Verspottung, die Satire veranlafste. Wie die Ritter erst in prahlerischen Worten es gegen die ganze Welt aufnehmen wollen, nacher sich aber als feige Schlafmützen erweisen, so Petrus, der erst mit Christo sterben wollte, ihn aber dann zuerst von allen verleugnete. Möglicherweise, dafs die Satire sich auch nebenbei gegen den Stellvertreter Petri, den Pabst, richten sollte.

Über die dramatische Gestaltung der Scene wurde früher gehandelt. Nachdem die beiden Jünger mit einander gewettet, beginnen sie den Wettlauf. Petrus bleibt jedoch bald zurück, weil er hinkt und sonst mifsgestaltet ist. Darüber bricht er in Klagen und Verwünschungen aus: Wien O. Sp. 334, 19—335, 8; Sterzing 165, 1—5 = Erlau III, 1293—1300; Eger 8125—44; vgl. 8117—24 bricht Petrus ein Bein. Johannes verspottet ihn: Wien O. Sp. 335, 8—15; Erlau III, 1301—4; Sterzing 165, 6—13. Petrus bittet nur ein wenig zu warten, bis er nachkomme; auch wünschte er sich etwas zu trinken: Wien O. Sp. 335, 16—21; Sterzing 165, 14—19; Erlau III, 1305—8; (Eger 8145—56) tröstet sich Petrus, indem er dem Johannes die Weinflache austrinkt.) Johannes fordert ihn nun auf, ein hartes Ei zu essen und sich durch einen Trunk zu stärken. Sterzing 165, 20—26. Petrus thut das, allein da er so furchtbar trinkt, so hält ihn Johannes fest, damit noch etwas in der Flasche für ihn selbst übrig bleibe. Sterzing 166, 3—10.

Nachdem Petrus sich gestärkt, setzen beide ihren Wettlauf fort. Sterzing 166, 14—21.

Im Sterzinger Spiel wird die Satire noch weitergesponnen. Petrus warnt das Publikum vor Johannes, der wie ein Rabe stehle (167, 3—10). Johannes aber beschuldigt Petrus der Lüge, denn jener sei gerade der Dieb, er habe sogar „das lempretol aus dem osterlamp" gestohlen (167,11—24).

Die Geistlichen.

Es ist sehr natürlich, dafs sich die Satire auch gegen eine Geistlichkeit richtet, deren Lehre den Thaten so wenig entsprach, deren Leben und Handeln soviel Ärgernis erregte. Dazu boten die Teufelsspiele eine gute Gelegenheit, und dafs dies gerade hierin geschah, ist ein ganz charakteristischer Zug. Denn die Priester, welche ja den Himmel im Besitz zu haben und aus Hölle und Fegfeuer befreien zu können glauben, werden gerade zu den schlechtesten Menschen gezählt, welche Lucifer in die Hölle holen oder vor seinen Richterstuhl führen läfst. Vergl. Innsbruck 297 etc.; Wiener Pass. Spiel 219—138; Redentin 1083 etc., 1701 etc. Vergl. dazu auch Fastnachtsp. No. 68, wo der Bischof samt seiner Klerisei auf die Seite des Entekrist getrieben wird. Die Sünde, welche in den geistl. Spielen (wie in den Fastnachtsp. No. 66. 70. 128) der Geistlichkeit am meisten vorgeworfen wird, ist: Unsittlichkeit Innsbr. 372—79. 951—54; Wiener Pass. Spiel v. 219—38; Erlau III, 486—90. 74; IV, 146—47. 528—29.

Scharf getadelt wird ferner die Vernachlässigung des Kirchendienstes Redentin 1723—24; 1754—56, die weltlichen Gedanken und Gedankenlosigkeit während des Gebetes und der Messe Redentin 1705—9; 1771—74 (vgl. dazu die Teufelkomödie Von Hall, Germania XI, 97 etc.). Trunksucht und Habsucht. Sterzing s. 166—167, — Faulheit Gefräfsigkeit und Trunksucht der Bettelmönche und der Geistlichen überhaupt. Innsbr. 687—91; Redentin 1725—28. 1757—65.

Deshalb will Lucifer die Geistlichen auch ebenso wenig in der Hölle haben als die Schüler und Schreiber (sieh oben 38. 40.), — sie sind ihm zu schlecht. Das Redentiner Spiel hat jedoch hier einen ganz abweichenden Grund, so dafs wir es hier mit einer tendenziösen Änderung zu thun haben (vgl. oben 35. V.) Im Innsbr. Spiel dagegen fährt der Geistliche nebst den andern zur Hölle, wenigstens mufs man dies nach dem Zusammenhang voraussetzen. Innsbr. 372—79; vgl. 398—401.

Handwerker, Geschäftsleute u. a.

In der Volkspoesie (Fastnachtspielen, Handwerksliedern u. s. w.) spricht sich vielfach Neid, Hafs, Spott etc. gegen verschiedene Gewerbe aus. Vergl. auch Weinhold a. a. O. 26. Die Verwünschung „hole dich der Teufel" welche das Volk so häufig ausstöfst, wird nun in den Teufelsspielen in Wirklichkeit ausgeführt. In einigen Spielen hat Lucifer zwar den Teufeln befohlen Leute jedes Standes und Geschlechtes herbeizuführen (sieh oben 37. IV.), allein in Wirklichkeit werden nur solche Handwerker gebracht, welche sich die meisten Unehrlichkeiten, Betrügereien Fälschungen u. s. w. zu Schulden kommen liefsen, und einige andere bürgerlichen Personen, welche dem Volke aus andern Gründen verhafst waren. Sieh das Verzeichnis oben s. 38. Weinhold sagt hierüber a. a. O. 19. „Man liebte alle möglichen Stände dem Teufel nach der Reihe zuzuführen und bildete so eine Art Teufelstanz dem Totentanz nach. Am weitläufigsten ist dieser Gedanke in dem Gedichte des tiufels segi behandelt". — Es giebt kein einziges Stück, in welchem „alle möglichen Stände" dem Teufel vorgeführt wurden, auch Weinhold selbst hat es nicht angeführt; — es werden nur Leute geringeren Standes vorgeführt. An eine Einwirkung des Totentanzes ist also gar nicht zu denken, vergl. auch noch oben s. 37. Jenes Gedicht „des teufels segi" konnte ich leider nicht habhaft werden, so dafs ich nicht weifs, ob es auf die Entwicklung der Teufelsspiele Einflufs hatte."*)

---

*) Nachträglich bemerke ich noch, — was ich erst spät entdeckte, — dafs gerade diejenigen Handwerker etc. vorgeführt werden, deren Sünden Berthold von Regensburg in seiner Predigt „von zehen kooren der engele etc." schildert. Die Spielleute fügten nur noch die Geistlichen hinzu. Vgl. auch H. Rinn, Kulturgeschichtliches aus deutschen Predigten des Mittelalt. 12 etc., ferner Zapport. Wiener Sitzungsb. d. phil. hist. Klasse 13,161 ff.; 167 ff. (über die Handwerker des Mittelalters) besonders über die Schuster und Schneider).

In dem Selbstbekenntnis, das jeder Vorgeführte vor Lucifer ablegt, beichtet er alle Schlechtigkeiten, Schurkereien etc., die er gegen Gott und seine Mitmenschen verübte, die Weise, wie er sie ausübte und die Mittel, deren er sich dabei bediente. Ganz ausgezeichnet ist diese Scene im Redentiner O. Sp. dargestellt. Die einzelnen Teufel stellen ihre Opfer unter humoristischen oder rohen Späfsen Lucifer vor, der ihnen dafür entsprechend dankt und die Vorgeführten sarkastisch begrüfst. Wenn diese dann bei ihrem Bekenntnis etwas verheimlichen, so hilft Lucifer ihrem Gedächtnis in ironischer Weise etwas nach. Manchmal stellt er sich an, als ob er Mitleid mit dem Opfer habe, um es dann nachher desto mehr zu verhöhnen. Wahrhaft genial ist Lucifer in der Erfindung von Strafen und Martern, die er für jeden einzeln ersinnt, die doch zugleich in Übereinstimmung mit den Verbrechen etc. sind, welche jeder begangen hat, so dafs jeder gleichsam mit dem gestraft wird, was er andern einst zufügte, vergl. Redentin 1305 etc.; Erlau IV, 158 etc.

Die Teufel.

Schon Weinhold wies in Gosche's Archiv 17f. darauf hin, wie man dazu kam, den Teufel auch als komische Person als Lustigmacher darzustellen, und seit wann dies geschah. Diese Auffassung und praktische Durchführung begann also seit der Zeit, als die Spielleute und andere gleichgesinnte Verfasser das geistl. Drama beherrschten.

Seitdem brachen die Teufel in hellen Haufen hervor und die Teufeleien gehörten lange zu den Würzen der geistl. und weltlichen Spiele (vide Fastnachtspiele). Man sieht. neben den Krämerscenen waren die Teufelsspiele am beliebtesten, und in Stücken, welche keine Krämerscenen hatten, wie z. B. im Redentiner O. Spiel werden dann in den Teufelsscenen die Witze, Späfse etc. etc. desto stärker aufgetragen und den Teufeln in den Mund gelegt; was dem Verfasser vielleicht anständiger erscheinen mochte, als wenn Menschen dies thäten. Hatte man einmal den Teufel als Lustigmacher gebraucht, so konnte man sich auch über ihn selbst lustig machen und die Satire auch auf ihn ausdehnen. Die Fastnachtspiele enthalten sehr viele Satiren dieser Art, die geistlichen Spiele dagegen nur spärlich; hier vertreten die Teufel durchgängig eine Macht, vor der man sich fürchtete. Satirische Züge finden sich, soweit ich sehen kann, nur im Redentiner und Alsfelder Spiel.

Die Herrschaft Lucifers ist, nach diesen Spielen, nicht mehr so einheitlich, so absolut wie einst. Die Teufel sind etwas selbständig geworden und gehorchen nicht mehr so pünktlich, worüber Lucifer in grofse Wut gerät und alle hängen möchte. Redentin 1152—56; 1187—1200. 1268.

Nach seiner Ansicht sind sie auch etwas stumpfsinnig geworden:

ik mende, gi weren dusentkunste heren, \
nu mach ik ju noch wol anders leren, } 1271—74. \
alzo men dot de jungen kinder, \
de dar sint stump also de rinder.

Likketappe zeigt sich etwas widerspenstig und unverschämt gegen seinen Meister v. 1587—1600; Funkeldune ist so dumm und träge geworden, dafs er auf der Lauer nach einer Seele sogar einschläft. Lucifer hält ihm einst die donnernde Strafrede und jagt ihn als unbrauchbar weg 1643—1680. Satan, der als der klügste aller Teufel gilt, hatte einst sich prahlerisch gerühmt, dafs er Christi Seele bei seinem Tode fangen werde.

Mit Schande mufste er abziehen und sich deshalb verspotten lassen 406—430. Später schleppte er einen Geistlichen vor Lucifer, der diesem mit Bannsprüchen etc. so zusetzt, dafs Lucifer physische Schmerzen bekommt, sich krümmt und kaum zu helfen weifs. (Man erkennt hieraus auch die Absicht des Verfassers, welcher der Geistlichkeit seiner Heimat noch einige Macht einräumt, obwohl er sie übrigens z. B. 1734—66 nicht besser als anderswo findet. Freilich wäre es auch möglich eine katholisierende Tendenz des Stückes zu erblicken.) Lucifer wird infolge davon so böse, dafs er sogar den Satan wegjagt. (1889—96.)

Im Alsfeld. P. Spiel fallen alle Teufel über Lucifer her und hauen ihn durch, weil er zu predigen anfange. Lucifer entschuldigt sich damit:

Nein, nein ich liegen;
ich wolde uch alzo betriegen etc. } 163—175.

Im Redent. Spiel sitzt Lucifer, nachdem Christus die Seelen aus der Hölle erlöst, — an Ketten gebunden in einem Fafs, dem der Boden eingeschlagen war. Er ist schliefslich so matt und elend geworden, dafs die Teufel ihn in die Hölle tragen, wobei sie die Befürchtung äufsern, er möge während dessen vor Schwachheit sterben. 1963 etc. —

Der Verfasser des Redeutiner O. Spieles, der seinem ganzen Stücke eine niederdeutsche Lokalfärbung zu geben verstand, hat in das Teufelsspiel noch einige Satiren auf lokale Zustände, landschaftliche Verhältnisse eingeflochten, worauf man schon öfters aufmerksam machte. Vgl. Mone, Ettmüller in der Einleitung dazu, ferner Germania 14, 182 etc.

Judas Ischariot. — Schlechtes Gold.

Der Ärger über das schlechte Geld jener Zeit macht sich auch in dem geistl. Drama Luft. Es kursierten damals so viele falsche und fast wertlose Münzen, dafs jeder fürchtete beim Handel etc. betrogen zu werden. Nur die Juden machten gute Geschäfte. Es ist daher ganz den Zuständen der Zeit entsprechend, wenn in einigen geistl. Spielen die Hohenpriester den Judas noch um das Blutgeld betrügen wollen, indem sie ihm schlechtes Geld hinzählen. Judas untersucht jedoch jedes Geldstück peinlich genau und weigert sich die schlechten Münzen anzunehmen. Daraus entsteht eine Zänkerei zwischen den Beteiligten, an der sich das Publikum weidlich ergötzen mochte (vgl. Weinhold a. a. O. 27). Ein Fragment einer solchen Scene teilt Pichler s. 27—30 mit,*) welches der Verfasser des Alsfelder Pass. Spieles 3198 etc. benützte. Auch das Frankfurter P. Spiel scheint eine solche Scene gehabt zu haben, vgl. Dirigierrolle No. 156. Die Quelle für diese Scenen ist das Fastnachtsp. No. 35, wie sich aus der gleichen Anlage und vielfachen wörtlichen Übereinstimmungen ergiebt; — oder man müfste annehmen, dafs alle aus ein und derselben Quelle geschöpft hätten.

Parodien.

Es war eine ganz eigentümliche Liebhaberei der Spielleute und Vaganten kirchliche Gebräuche z. B. die Beichte, Messe, ferner kirchliche Lieder, Gebete, Predigten, Legenden u. s. w. zu parodieren vgl. z. B. Carmina Burana 22, 248—50; Lafsberg, Lieders. 246, 65; Fichard Archiv 3, 203. 215; Keller, Altd. Gedichte 2,7 etc. etc. In den geistl. Spielen

---

*) Pfarrkircher Passion. Wackernell. Die alt. P. Spiele in Tirol 39 f.; ferner s. 105. Streit zwischen Caiphas und den Rittern über das schlechte Geld.

haben sie jedoch diese Neigung sehr bezwungen, vielleicht weil sie Bedenken trugen, das, was dem Volke als heilig galt, in den Staub herabzuziehen; sie konnten sich ja auch auf andere Weise reichlich entschädigen und entgingen so einem möglichen Konflikt. Es findet sich also nur weniges dieser Art. Eine Parodie des „Unser Vater" findet sich bei Pichler 58; eine Parodie „des Glaubens" pag. 59. Im Innsbr. O. Spiel parodiert Rubin den Klagegesang der Frauen:

Heu quantus est noster dolor! \
Waz heu, waz heu, waz heu, } 874—78. \
waz sagit ir van hâu? etc.

ferner die Eingangsstrophe der Osterfeiern:

Ibant, ibant tres mulieres } 853—58. \
Jhesum Jhesum Jhesum quaerentes etc.

Der Verfasser des Donauesch. P. Spieles macht die Höllenfahrt des Judas zu einer Parodie auf die Niederfahrt Christi zur Vorhölle, vgl. v. 2479—2500; — ebenso enthalten 2855—56 eine Parodie auf die Salbung des Leibes Christi.

Maria Magdalenascenen.

Diese Scenen gehören eigentlich in die Passionsspiele; sie werden jedoch auch aus dem Zusammenhang gelöst und mit dem Teufelsspiel in Verbindung gebracht. Um nicht in Wiederholungen zu fallen, erlaube ich mir hier auf alles zurückzuweisen, was ich schon früher über Anlage und dramatische Ausbildung dieser Scene, die Verbindung des Salbenkrämers mit der Magdsc., das Auftreten der Teufel in dieser Scene, und über die Verbindung mit dem Teufelsspiel sagte. Welche Maria Magdalena hier eigentlich gemeint ist etc., darüber vgl. die von Tischendorf § 41. 45. 46 zusammengestellten Bibelstellen und seinen Kommentar dazu; auch Wilken, Geschichte der geistl. Spiele 84, Anmerk. 4; 86 Anmerk. 5; 87 Anmerk. 1; — über die dogmatische Bedeutung des Auftrittes Mone, Schausp. d. Mittel. I, 56, II, 171 etc.

Wir sahen schon früher, dafs manche Verfasser den Charakter der Maria Magdalena anders auffassen, als es die Mehrzahl thut, und ihre Bekehrung auch in anderer Weise erfolgen lassen. Mit Rücksicht darauf könnte man alle M. Magdalenascenen einteilen in 1) solche, welche Maria als lebenslustige, leichtfertige Frau darstellen, die durch die Ermahnungen der Martha zur Bufse kommt und von Christo während eines Gastmahles des Pharisäers Simon Vergebung ihrer Sünden empfängt; 2) solche, welche den Charakter und das Thun der Maria und Martha, wie die vorigen darstellen; die Bekehrung geschieht aber infolge der Bergpredigt, worauf Maria auch noch in das Haus des Pharisäers Simon kommt, um Christi Füfse zu salben; 3) solche, welche blofs die reuige Magdalena vorführen, wie sie Christi Füfse wäscht und Vergebung der Sünden erhält. Dazu gehören nur neuere Passionsspiele, welche aufser dem Rahmen dieser Untersuchungen fallen; sie vermeiden alles Scherzhafte und schliefsen sich mehr dem bibl. Bericht an. Das älteste Stück dieser Art ist das Augsburger P. Spiel des 15. Jahrh. (v. 75—120). Für mich kommen hier nur die Spiele der 1. und 2. Gruppe in Betracht, und von diesen wieder nur diejenige Scene, welche beide gemeinschaftlich haben. Die anderen Scenen, welche die Bekehrung der Magd und die Fufssalbung darstellen, unterscheiden sich nicht von den übrigen der Passionsspiele.

Die erste Scene hat ein von allen abweichendes, ganz eigentümliches Gepräge. Was bei der Besprechung des Benediktb. und Wiener Passionsspieles schon konstatiert wurde, das soll hier von allen Spielen näher erwiesen werden.*)

Mundi delectatio dulcis est et grata, cujus conversatio suavis et ornata etc.	Benediktb. P. Spiel 245, 13--14. Wiener P. Sp. 295-96 = Erlau IV, s. 105.
Werltlich vreude, den ist gut, den ist mir worden sûze etc.	Wiener P. Sp. 307-10. Vergl.
Wol dir werlt, daz du bist also vreudenriche, ich wil dir sin undertan durch din liebe immer sicherliche.	Carm. Bur. s. 181, Nr. 10ᵃ. Benediktb. P. Sp. 247, 12-15.
Wie stolz ist nu min mut mich dunket der werlete vreide gut.	St. Gallen 186-87.
Der welt ich vil gedienet han mit treuwen ane maz etc.	Wiener P. Spiel 316-19.
Ich wil immer vrölich sin und wil in vreuden sterben etc.	id. 333-36; vgl. 321-24.
Und wil tragen ein freien mut, ich wil mir machen ein krenzlein gut, darunter wil ich frölich sein frisch und frei des gemûtes mein.	Eger 2899-2902; vgl. Alsfeld 1820.
Wan ich mufz fröd und kurtzwil han die wil ich leb uff diser erden, mag mir nit gnûg der fröden werden.	Donaueschingen 84-86.
Wir sollen aber vorbaz me bit freuden leben reht als e; uns kummet des sufzen megen zit, die mangem herzen vreude git.	St. Gallen 232-35.
In fråuden wil ich immer leben nach der jungen lere, mein herze mus in fråuden sweben heut und immer mere; zurnet dann di muter mein, das mag sein, was wil si mein, sol ich meines leibes nicht gewaltig sein?	Erlau IV, 343-349.

Ein Reientanz findet sich: Erlau IV, 319; Alsfeld 1792 etc.

---

*) Ich bemerke noch, dafs ich das Wiener Passionsspiel bei der Zusammenstellung der folgenden Versikel nicht mehr benutzen konnte, sodafs hier meine Citate vielleicht nicht vollständig sind.

Ich liez minen mantel in der auwe, } Wioner Pass. Spiel
do begonde vragen min vrowe, 311—14 = Erlau IV,
wo ich gewesen were? waz wolt sie min? 330—35; vgl. 347-49.
sol ich mines libes nicht gewaltig sin? vergl. Uhland Volksl.
No. 112,2; 101,3.

Ich breitte minen mantel in die awe,
du begunde mich zu fragen min frawe,
wo ich so lange were gewest? } Alsfeld 1796—1801; vgl.
was wolde sie des? Friedberg Pass. Spiel.
sol ich mines jungen Haupts Zeitschr. 7, 547.
libes nicht gewaldigk sin?

Du solt mit mir tanzen } Wioner P. Sp. 327—28.
und hubeschlichen swanzen.

Wir sollen springen und danzen } St. Gallen 188—189; vgl. Erlau
und auch mit den knappen ranzen. III. 273—74, 276—77;
St. Gallen 159.

Wole mich, wole mich der seligen stundtd } Alsfeld 1802—1805;
nach freiden wel ich reigen (?ringen): vergl. 1822—23.
freide ist minem herczen kunt (springen: singen)
mit tanczen und mit springen. 1786—87; vgl. Böhme
Altd. Liederbuch
No. 129, 3.

Darumb wel ich springen } Alsfeld 1794—95 — Erlau IV, 328—29,
und ein gut litgen singen. 316—17, 487—83.

Mit seitenspil, tantzen und singen } Donaueschingen 87—88.
wil ich min zit und tag volbringen.

Wan ich wil mein leben also verpringen } Eger 2007—8.
und stetigklich nach freiden ringen.

Vergl. auch Fastnachtsp. s, 402,28; 451,66; 521,12f.; 737,13f.

Minnet tugentliche man
minnecliche vrouwen. } Benediktb. 247, 7—10.
minne tut euch hochgemut
unde lat euch in hohen eren schouwen.

Ein Ballspiel findet sich: Erlau IV, 355 etc. 369. 489.

Ich wel zieren (preisen) minen lipp, } Alsfeld 1790—93 — Erlau IV,
want ich bin ein schones wipp, 325—27, 318—21; vgl. 398—99.
und wel auch gern reien == Friedberg. P. Spiel. Haupts
mit pfaffen und mit leien. Zeitschr. 7, 547.
vgl. Fastnachtsp. s. 105,32;
105,9; 314,17; 392,2f.

Ich pin ein vil schönes weip,
ich wil preisen meinen leip, } Erlau IV, 619—23; vgl. 638—39,
den wil ich preisen chlare. 406—7,541—42, 475—76; vgl. Mastricht
wes ich heuer nicht gepuefz Sp. 820—21.
das püfz ich hinz jare.

Ich bin ein ledig junges wip
unt tragen einen stolzen lip,
ich wil mit freuden vrolich sin,   St. Gallen 156—161; vgl. Wiener
zu danzen stet das gemude min.   P. Sp. 333 etc.; 321 etc.
weme freude ist swere,
daz ist mir gar unmere.

Noch schoner dann noch ie kein wipp   Alsfeld 1778—79.
sich, so schone ist din lipp.

Wole mich, wole mich der lieben zit!
der blumblin in der auwe   Alsfeld 1806—9; vergl.
die hat mich alzo grofzen nit: Noidh. Haupt XXXVII,16 ff.
die gesellschaff kan mich erfrauwen.

Mer woln gehen uff die awen   idem 1826—27; vgl.
und woln da springen und uns da frawen.   Uhland Volksl. 250,1; 262.2.

Ich wil gen in die auen   Eger 2897—98.
die schonen kneblein wil ich schauen.

Maria, sich in den spiegel clar   Wiener P. Spiel 329—30.
unt tu diner schöne war.

Nempt hin den spiegl in di hant,   Erlau IV, 497—98. 353—64; vgl.
den hat euch eur pul gesant.   Uerding. Magdal. Spiel 1452 etc.

Nemmet hen den spiegel, frawe,   Alsfeld 1834—35; vgl.
dar in sollet ir uwer schone schawen.   1776—77, 1832—33, 1842 etc.

Ich wil dir sagen hübsche ding   Erlau IV, 408—9.
von einem stolzen jungeling.

Ich such mir einen stolzen jungling   Eger 2003—4.
der mir mein mut kann machen ring.

Dar nach ge wir unter die linden
zu den hübschen chinden.   Erlau IV, 505—508. 353—54.
so werdent uns di jungen man   vgl. Neidh. Haupt. s. 127.
gar liebleich sehen an.

Wis willechum ain summerzeit,   Erlau IV, 524 ff.; vgl. Haupts
die haid in checher varbe leit etc.   Zeitschr. II, 302.

Der winder sei verwafzen!
pluemlein und der grune chlee,   Erlau IV, 542—50.
den siecht man heur aber als ee etc.

Wechselgesang: amator etc.

Vergl. hiezu: Die alte Heidelb. Liederhandschrift s. 147,9 (Nithart).

Gott grůfz di lieben frauen mein
so du immer sålig mufzest sein!
du hast verwundt das herzo mein,
dar umb so leid ich grofze pein;
und schold ich chussen deinen roten mund
so wůrd ich endichleich gesund.
Gott grůfz dich ros und liligenweis,
got dich beschuf mit seinem fleis.
und solt ich dich nach meiner glust
smůkchen an meines herzen prust
und der minn mit dir weginnen etc.
Got grufze dich, frewlin zart!
du bist geborn von hoher art:
alles das da lebet
und in den lufften swebet,
das mochte mer nit so lieb gesinn
als du ufzerweltes frewlinn.

Erlau IV, 628 — 33;
vgl. Heidelb. Liederhandschrift s. 138, 6
(Godrut); vgl. 455—56.
M. S. Fr. 137,10 ff.;
Uhland Volksl.
No. 246, 2.

Erlau IV, 634—41.

Alsfeld 1810 - 1815. =
Egor 2909 — 10.

Ja du, ja du, ja du schónes fröwelin! Wiener P. Sp. 315. = Erlau IV,
336. 350 etc.; vgl. Haupts Bemerkung s. 358).

Wan mein herz ist traurn vol,
seid ich mich annen sol
deines rosenvarben mund,
von dem ich aber wurd gesund etc.

Erlau IV, 453—58; vgl. 632—33.
vergl. Gottfr. v. Neifen (Haupt)
31, 1—4.

Herzen liebe frawe mein, nu tröste mich
oder ich mufz sterben umb dich.
trost mich, lieber morgenstern,
wann ich dein nicht mag enpern.

Erlau III, 510—13.

Sag an, dirn Wendelmůt,
was zimpt dich gůt,
wel wir gen under die linden
zu den hübschen chinden etc.

Erlau IV, 351—56; vgl. 485—568.

Vergl. besonders den Wechselgesang zwischen Maria Magd. und dem Procus. Erlau IV, 543—657 mit dem eigentümlichen Refrain der letzten Zeile einer Strophe; ferner die Travestie d. pater noster, German. 14,406, v. 21 etc. Neidh. Haupt 29,5.

Maria liebe swester min
becher dich von den sunden din.
Maria liebe swester min
gesteme den wilden mude din.
Maria liebe swester minn
werlich ich forcht sere dinn etc.

Wiener P. Spiel 337—38 = Erlau IV, Martha:
465 — 66; Alsfeld 1922 — 23; vergl.
Mastrichter Sp. 876 —89.

St. Gallen 162—63. = Frankf. Dirig.
No. 86.

Alsfeld 1854—55. - - Heidelberg
415—46.

Magdalena, liebe schwester mein	Eger 2889—90; vgl. Erlau IV
las farn den freuen willen dein etc.	675. 678—79; 696—97;
Gedenke, daz uns got hat gegeben	St. Gallen 164—65.
in dirre werlet ein krankes leben.	
Und nim an ein gotlich leben!	Alsfeld 1862—63.
so wel dir got das ewige rich geben.	
Und nim an ein ander leben.	Eger 2891—92; vgl. 2955—56.
so wil dir got dein sündt vergeben.	
Unnd will dys vppigklich lebenn	Heidelberg 485—86.
nach deinem roitt vf gebenn.	

Darume wende dinen mut,	St. Gallen 168—69; vgl. 252—53.
daz ist dir an der selen gut.	
Dine vroude in is nit gut,	Mastricht Sp. 890—91 vgl. Heidelberg 449f.
want si is ze umbehut.	

Antwort der Maria Magd.

Nu gang, spin dinen rocken	St. Gallen 202—203.
daz dich der divel zocke.	
Si solt da haim ein rokchen spinnen!	Erlau IV, 472; Alsfeld 1928—29
Maria, liebe swester,	Erlau IV, 620—21.
ich sag dir heut als gestern.	
Maria liebe swester,	St. Gallen 196—204.
daz dede du mir ouch gestern etc.	
Eia liebe swester,	Alsfeld 1670—76 = Heidelberg
ich wen, dir treimment gestern etc.	451—58.
Martha, min liebste schwester,	Donaueschingen 349 etc.
ich sag dir in der warheit gester etc.	
Swig du liebe swester! Frankf. Dirig. No. 87.	

Solde ich also ein stulzes leben	Alsfeld 1912—13.
umb miner swester klaffen begeben?	
Swester swig, la mich gehoren,	St. Gallen 170—75.
du mach wol sin ein alte doren etc.	
Si steit enen dore gelich,	Mastricht. Sp. 858—59.
des gehaut ug ane mich.	
Und kastige dinn lipp!	Alsfeld 1932—33; vgl. übrigens Alsfeld
want du bist ein aldes wipp.	1904—1937 u. Erlau IV, 470—85; 526—40.

Das Donaueschinger P. Spiel, das so manches Abweichende aufweist, hat gar keine Martha, sodafs sich da der Verlauf der Scene anders gestaltet.

Die Klagen der Maria Magdalena über ihre Sünden sind ganz im Stile der Marien- oder Magalenen-Klagen und ähnlicher Gedichte gehalten, wie bei den einzelnen Stücken schon nachgewiesen ist, so dafs ich hier davon absehen kann. Vergl. Benediktb. P. Spiel s. 248—250; St. Galler P. Sp. 268—83; Alsfelder P. Sp. 2747—76; vgl. 1994—2035; Donaueschingen 309—36. (173—92); Heidelberg. P. Spiel 2745—60; Eger Fr. Spiel 2993—3008.

Aus obiger Zusammenstellung ergibt sich zu Genüge, dafs wir es hier mit einem Stück Minnepoesie zu thun haben.

Die in dieser Scene vorkommenden Lieder sind meistens Tanzlieder und gehören der sogen. höfischen Dorfpoesie an. Sie gleichen meistens den Liedern des „Neidhart", welche unter dem Volke den meisten Beifall, die weiteste Verbreitung fanden und mit Vorliebe nachgesungen und nachgedichtet wurden. (Vergl. Schröder, die höfische Dorfpoesie in Gosche's Jahrbuch I, 45 etc.)

„Die fahrenden Sänger*) meinten dem Volke besser zu dienen, wenn sie die mitunter grellen Farben der Bilder Neidhart's noch greller malten" (id. I. 82). Dies trifft wohl auch hier zu.

Dafs wir es hier mit solchen Liedern zu thun haben, ist ganz zweifellos. Maria erscheint geputzt, mit einem Kranz geschmückt, trägt einen „swanz (swenzelin)" und begiebt sich mit ihrem Geliebten auf die Aue, unter die Linden, um dort einen „reien" zu tanzen oder Ball zu spielen (vgl. Schröder. a. a. O. I, 55). Der Spiegel, welcher in den Tanzliedern und der höf. Dorfpoesie überhaupt so häufig vorkommt (Schröder a. a. O. I, 55. 81.),**) spielt auch hier eine bedeutende Rolle. Diese Magdalenascene ist ein deutlicher Beweis, wie der Charakter und Stil einer Scene Jahrhunderte lang sich fortpflanzt. — Der Begleiter der M. Magdalena ist, wie oben bemerkt, oft ein Teufel, oft ein anderer Buhler. Das Erlauer Spiel läfst daneben einen Schreiber auftreten, dem Maria den Verzug giebt 601—610; vgl. auch die Beschreibung desselben 408—419. Ihm werden dieselben Prädikate beigelegt, die sonst den Rubin zieren z. B. ein stolzer schreiber etc. vgl. v. 249. 245. 259. 261. 264—65. 246—47; 290—64 etc.

Schliefslich erwähne ich noch, dafs sich unter den Fastnachtspielen einige Stücke befinden, welche mit den Magdalenascenen grofse Ähnlichkeit haben. Es sind dies:

No. 11. Aliud von Frauenriemen.
37. Ein spil von eim thumherrn und einer kuplerin. (Dieses Stück hat besonders von Seite 279 an grofse Ähnlichkeit mit dem Erlauer Sp. IV, 402 etc.)
53. Das Neithartspiel (besonders von s. 402 etc. 451 etc.).
59. Ein spil von junkfrauen und gesellen.
95. Di jung rott vasnacht.

---

*) Über das Verhältnis der Spielleute zu Neidhart sich auch noch Schröder a. a. O. I, 66.
**) sieh auch Mone I, 198 und Fastnachtsp. s. 451; und No. 131.

Ergebnis.

Aus der bisherigen Untersuchung ergibt sich, dafs der Stil der geistl. Spiele sowohl durch die benützten Quellen als durch die Verfasser selbst bedingt ist. Die Quellen wurden so gründlich und vielfach so wörtlich benützt, dafs auch die ganze Ausdrucksweise, der Stil derselben in das geistl. Drama eindrang und manchen Scenen ein Gepräge verlieh, das mit geringen Abweichungen in allen Spielen dasselbe blieb.

Wir sahen daher bei den Osterspielen I Gruppe, dafs die zahlreichen Hymnen und Klagegesänge teils den Marien-, Magdalenenklagen und ähnlichen geistl. Dichtungen entlehnt, teils im Stile derselben verfafst sind. Ja wo überhaupt Klagen angestimmt oder geäufsert werden, da werden diese genau in derselben Weise ausgedrückt.

Die übrigen Auftritte dieser Gruppe (mit Ausnahme der Krämerscenen und des Wettlaufes der beiden Jünger) bestehen gröfstenteils aus Ostergesängen mit Benützung epischer, geistl. Gedichte, tragen aber ebenfalls ein lyrisches Gepräge. Sonach zeigen die Osterspiele der I. Gruppe überhaupt einen lyrischen Charakter, was sich an dem Trierer ludus und dem Wolfenbüttler Osterspiel noch besonders deutlich erkennen läfst: bei letzterem Stücke hat der Herausgeber auch die Musiknoten mit abdrucken lassen, sodafs wir auch daraus ersehen: Die Osterspiele erster Gruppe wurden ursprünglich nur gesungen.

Die Osterspiele II. Gruppe weichen durch Inhalt und Stil von den ersteren bedeutend ab. Der 3. und 6. Auftritt schliefsen sich geistl. Dichtungen wie Urstende, Martina, Passional, (Erlösung) an, der 5. Auftritt beruht auf Osterliedern und dergleichen Gesängen. Diese 3 (beziehungsweise 2) Auftritte haben eine biblische Grundlage und tragen gröfstenteils einen ernsten, streng kirchlichen Charakter. Alle übrigen Scenen sind mit weltlichen, humoristisch-satirischen Tendenzen durchwoben oder ganz weltlicher Art. Sie zeigen in Sprache und Ausdrucksweise Eigenheiten der epischen und dramatischen Volkspoesie, m. a. W. den Stil der Spielmannspoesie und Fastnachtspiele, welcher Stil auch die übrigen Auftritte vielfach so durchdrungen hat, dafs die Osterspiele der II. Gruppe (mit Ausnahme der 5. Scene und der sonst vorkommenden Hymnen) den Stil der epischen und dramatischen Volkspoesie zeigen.

Derselbe Stil drang auch in zwei Scenen der Osterspiele erster Gruppe: Krämerscenen, Wettlauf der Jünger (Auftr. 2, 7).

Alle diese charakteristischen Eigenheiten der Osterspiele gingen mehr oder weniger auch in die Passionsspiele über, sofern sie die Scenen der Osterspiele aufnahmen. Inhalt, Tendenz und Stil der zuletzt genannten Osterspiele weisen auf Spielleute und Vaganten als Verfasser hin, was auch mit sonstigen geschichtlichen Zeugnissen in Einklang steht (sieh oben s. 3 f.). Von ihnen rühren folgende Spiele her:

Das Benediktb. und Wiener Passionsspiel, das Innsbrucker, Wiener, Sterzinger Osterspiel, alle Erlauer Spiele und andere, von denen Pichler (Über das Drama des Mittelalters in Tirol) nur Bruchstücke veröffentlichte. Das Redentiner Osterspiel zeigt zwar in Anlage und sonstigen Eigentümlichkeiten alle Merkmale der eben genannten Spiele, allein es übertrifft in gewandter Darstellung, durch originelle Auffassung einzelner Scenen alle anderen. Alle Vorzüge des Stiles und der Komposition dieses Stückes sind wiederholt eingehend dargelegt worden, so dafs ich davon absehen kann. Nur das will ich noch hinzufügen, dafs ich den Verfasser unmöglich für einen Geistlichen ansehen kann, sondern für einen Meistersinger oder Schulmeister. Dies ergibt sich schon aus dem Inhalt des Teufelsspieles. Auch Ettmüller (Einleitung XX) erkannte dies, sucht es aber dadurch zu erklären, dafs er für das Teufelsspiel einen andern Verfasser annimmt, was sich jedoch nicht erweisen läfst.

Die Spielleute etc. verfuhren mit dem geistl. Drama, wie einst der Sänger des Heliand mit dem bibl. Stoff. Sie kleideten die biblische Geschichte in ein deutsches Gewand; wie deutsches Leben, deutsche Sitte und Gesinnung in unsern Volksepen sich widerspiegelt, so auch in diesen Spielen.

Wie beim Volksepos und den Volksliedern, so kennen wir auch von den geistlichen Dramen des Mittelalters nicht die Namen der Verfasser. Wie beim Nationalepos, so bildete sich auch für das Drama bald eine bestimmte Form, eine feste Tradition, so dafs nicht nur die hochdeutschen Spiele unter einander, sondern auch mit den niederdeutschen übereinstimmen. Die Übereinstimmungen der verschiedenen Spiele beruhen zumteil auf dem Texte der Bibel, auf Marienklagen, Hymnen und andern lyrischen Gedichten, gröfseren epischen Dichtungen, traditionellen Formeln und dergl. Diese Quellen standen jedem zu Gebote, der genugsame Belesenheit besafs. Allein alle diese Momente erklären noch nicht die zahlreichen Übereinstimmungen der Spiele an andern Stellen. Kummer (Erlauer Spiele XXXVII) behauptet: „Die nahen Berührungen der verwandten Spiele beruhen auf mündlicher Überlieferung einer gemeinsamen Grundlage, die Verirrungen aber sind zufällig."*) — Ist dies möglich? Das Gebiet der mündlichen Überlieferung ist in der That sehr grofs. Es umfafst besonders Sprüche, Lieder, Märchen, Sagen. Wenn solche nach Jahrhunderten ihrer Weiterverbreitung vielfach wörtlich übereinstimmen, so erklärt sich dies sehr leicht daraus, dafs eben jedes Geschlecht sie sehr oft gehört, sehr oft erzählt, dafs sie Gemeingut waren. Aber dies alles läfst sich nicht von dem geistl. Drama behaupten. Die Anzahl derselben war anfangs gering, die Aufführungen fanden auch (soviel wir wissen) nicht häufig statt. Allein angenommen, sie fanden jährlich statt, so hätte sich ein Zuhörer zwar die Anlage des Stückes, die Bearbeitung des Stoffes, auch einige Verse merken können, aber niemals die vielen Verse, welche wörtlich übereinstimmen. (Vergl. hiezu auch, was Haupt in Wagners Archiv für Geschichte und Dichtung I, 358 über das Verhältnis des Wiener zu dem Benediktb. Passionsspiel sagt.)

Es mufs vielmehr angenommen werden (und eine genaue Vergleichung zeigt dies auch deutlich), dafs die ältesten Spiele ausgeliehen oder durch Abschriften vervielfältigt wurden. So erklärt sich auch die Übertragung eines Spieles aus einer Mundart in eine andere, ferner die Thatsache, dafs manche Spiele weit von dem Orte ihrer Entstehung entfernt aufgefunden wurden. Wie kamen sie denn dorthin, wenn nicht durch Abschriften? So war es möglich, dafs jemand, der ein neues Stück schreiben wollte, sich verschiedene Vorlagen verschaffen konnte, welche er dann zusammenarbeitete, überarbeitete, stellenweise wörtlich abschrieb und das Ganze durch eigne dichterische Ergüsse bereicherte.

Um dieser Ansicht „von einer mündlichen Tradition" beim Drama ein Ende zu machen, habe ich oben bei den meisten Scenen der Osterspiele absichtlich alle Fassungen der einzelnen Stücke angeführt. Vergleicht man diese mit einander, so ergibt sich:

1) eine, zwei (selten mehr) Vorlagen werden von spätern Dichtern entweder wörtlich herübergenommen, oder überarbeitet;

2) die meisten Verfasser pflegen ihre Vorlagen zu überarbeiten;

3) die ursprüngliche Vorlage oder Fassung strahlt in den meisten Überarbeitungen noch hindurch;

4) allgemein bekannte Stücke werden meistens wörtlich entlehnt: Hymnen, Lieder, Marienklagen, Formeln etc.;

5) die Passionsspiele zeigen mehr wörtliche Übereinstimmungen unter einander als die Osterspiele, d. h. die Verfasser derselben schrieben mehr wörtlich ab. — Abschreiber in grofsem Mafsstabe

---

*) Vgl. dazu auch die Ansicht von Schönbach in den Gött. gel. Anz. 1882. II. 881 f.

waren z. B. der Verfasser des Alsfelder P. Spieles, der fast die ganze Trierer Marienklage und vieles andere abschrieb, der Verfasser des Egerer Fronleichnamsspieles, welcher die Prager Marienklage bis auf 4 Verse aufnahm.

Ein sehr lehrreiches Beispiel, wie die Dichter ihre Vorlagen behandeln, liefert auch die M. Magdalenascene im Benediktb. und Wiener Passionsspiel (vgl. dazu Haupt in Wagners Archiv I, 357). Ich verweise ferner noch auf die interessanten Darlegungen bei J. E. Wackernell. Die ältesten Passionsspiele in Tirol, s. 20 ff.; 48 ff.; 53; 66 ff.; 73 f.; 122 ff.; 132 ff.; besonders 140 ff. — welche meine Untersuchungen vollständig bestätigen.

Dasselbe Resultat, das wir aus der Vergleichung der erwähnten Versikel (aller Spiele) unter einander erhielten, ergibt sich auch, wenn wir die einzelnen Spiele mit ihren speziellen Vorlagen und Quellen vergleichen. Man erkennt deutlich, dafs die Verfasser nach bestimmten Vorlagen arbeiteten, dafs sie wenigstens darnach streben, das neue Stück möglichst mit eignen Worten zu verfassen; freilich gelingt das nicht oft. Sie vermeiden aus diesem Grunde, wo möglich längere Stellen wörtlich abzuschreiben. Interessant ist inbezug darauf wieder das Verfahren des Verfassers vom Alsfelder P. Spiel. Um seine vielen Entlehnungen zu vertuschen, wendet er allerlei Mittel an; so schreibt er gern eine besondere Einleitung dazu. Man vergl. z. B. die Einleitung (v. 5808 — 5905) zu den bekannten Marienklagen (sieh auch Schönbach, Über Marienklagen 21).

Die Dichter ändern in den entlehnten Versen gern die Wortstellung, seltener den Reim, stellen einzelne Sätze und Verse um etc. Sie verknüpfen einzelne Verse aus verschiedenen Vorlagen, indem sie einige Worte oder ganze Verse zur Verbindung einschieben. Sie entlehnen einzelne Motive und führen diese selbständig aus; oder — wenn sie dazu im Stande sind, — sie überarbeiten ihre Vorlagen und Quellen vollständig. Vergl. das Passionsspiel von Muri und Donaueschingen. Eine sehr häufige Erscheinung ist endlich noch diese, dafs Verse, welche ursprünglich einer bestimmten Scene angehören (z. B. den Ritter-Krämerscenen) auch in andern gebraucht werden, sobald nur einigermafsen eine ähnliche Situation vorliegt. Welchen ausgedehnten Gebrauch machen die Verfasser nicht von Marienklagen? Überall wo nur jemand eine Klage ausstöfst, treten sie uns entgegen. Ein interessantes Beispiel hierfür bietet wieder das Egerer Fronl. Spiel, wo eine Seele in der Hölle klagt (v. 7622 etc.). Der Verfasser nahm einfach eine bekannte Marienklage (Fundgrub. II, 263) und schrieb sie um.

Durch solches Umarbeiten und Herausreifsen vieler Verse aus ihrem ursprünglichen Zusammenhang und Einschieben an einer anderen Stelle erklären sich viele Verwirrungen des Textes z. B. in den Erlauer Spielen. Es versteht sich nach alledem, dafs je öfter eine Vorlage überarbeitet etc. wurde, desto mehr die ursprüngliche Fassung im Laufe der Zeit verschwinden mufste, sodafs sie bei manchen grofsen Passionsspielen des 16. Jahrh. und später oft schwer oder nicht mehr zu erkennen ist.

Es erübrigt mir schliefslich auf den Stil der eigentlichen Passionsspiele noch etwas einzugehen. Ich kann mich hier jedoch kürzer fassen, weil verschiedene Herausgeber der Passionsspiele denselben schon charakterisierten, und weil das Vorgehende auch m. m. von den Passionsspielen gilt.

Wie sich aus den Belegen ergibt, benützten die Verfasser der P. Spiele besonders den Bericht der Bibel, noch mehr aber epische geistliche Dichtungen, welche sie in dialogische Form verwandelten, oder aus denen sie nur die Hauptstellen entlehnten. Die Benützung derselben war jedoch derart, dafs die grofsen Passionsspiele gröfstenteils auf Grundlage der epischen (geistlichen) Dichtungen entstanden sind. Aus der Vergleichung der einzelnen Spiele mit einander ergab sich ferner, dafs die Passionsspiele viel gröfsere Übereinstimmung unter einander zeigen als die Osterspiele, d. h. die Verfasser der Passionsspiele haben ihre Vorlagen in sehr vielen Fällen wörtlich abgeschrieben, vgl. z. B. das St. Galler, Frankfurter, Alsfelder und Friedberger Passionsspiel.

Da also alle Verfasser vielfach aus denselben Quellen schöpften, die meisten auch dieselben Vorlagen benützten, oder von einander abschrieben, so erhielten notwendigerweise diese Spiele eine gewisse Gleichförmigkeit des Ausdruckes, des Stiles. Wo sich dennoch Verschiedenheit in der Darstellung offenbart, da ist dies eine Folge der stilistischen Gewandtheit des Einzelnen, eine Folge seiner Belesenheit, oder es hängt von seinem ernsten oder heitern Charakter ab, seinem Verhältnis zur Kirche, von seinem besondern Zwecke, den er vor Augen hatte, von seiner Fähigkeit, einigermafsen einen Charakter zu zeichnen, von seinem Verhalten zu seinen Vorlagen und sonstigen Quellen etc.

Die engen Schranken, in welchen die Dichter sich bewegen mufsten, machen es erklärlich, dafs einzelne begabtere diese zu erweitern oder zu durchbrechen trachteten. Wir sahen bei den Osterspielen, wie die Spielleute und Vaganten dabei zu Werke gingen. Die Verfasser der grofsen Passionsspiele schlugen einen etwas andern Weg ein. Sie fügen keine neuen Scenen ein, welche ausschliefslich weltlichen Tendenzen huldigen, und wenn sie solche aus den Osterspielen aufnahmen, so beschneiden sie die ärgsten Auswüchse oder tilgen sie vollständig. Nur einzelne Verfasser wagen es, kleinere Scenen humoristisch zu gestalten, z. B. der des St. Galler P. Spieles.

Ihre selbständige Thätigkeit besteht mehr darin:

1) vorhandene Scenen zu erweitern, indem sie einzelnen Personen längere Reden in den Mund legen und dadurch die Handlung verlängern, vgl. z. B. die Scene der Kreuzigung im Alsfelder und Donaueschinger P. Spiel mit andern Spielen;

2) neue Personen einzuführen, welche sich an der Handlung beteiligen;

3) neue, d. h. andere Ereignisse aus dem Leben Christi zu dramatisieren, welche ihre Vorgänger nicht hatten;

4) den neutestamentlichen Scenen solche aus dem alten als Vorbild gegenüberzustellen;

5) sogen. Disputationen einzuflechten, in welcher den Verfasser seine eigne Gelehrsamkeit, seine Dialektik etwas zeigen konnte;

6) schliefslich auch die Hauptereignisse des alten Testamentes von der Schöpfung an aufzunehmen.

Über den Stil der einzelnen Passionsspiele bemerke ich noch folgendes: Das Benediktb. und Wiener Passionsspiel erwiesen sich als Produkte der Spielmannspoesie. (Vergl. zu den Wiener P. Spiel auch die Bemerkungen von Haupt in Wagners Archiv.) Über das Frankfurter- und Friedberger Passionsspiel läfst sich gar nichts sagen, so lange die Texte nicht vollständig veröffentlicht sind.

Die Bruchstücke des Passionsspieles, von Mone unter dem Titel „Gundelfingers Grablegung" veröffentlicht, machen ganz den Eindruck, wie andere Reimereien der Meistersinger. (Vergl. auch Mone II, 131.) Die Bruchstücke des Passionsspieles von Muri hat Bartsch in Germania VIII, 273 etc. charakterisiert. „Es zeigt in Sprache und Ausdruck, wie kaum ein anderes, Einflufs der höfischen Dichtung, auch Reim und Versbau weisen auf die Blütezeit der mhd. Poesie" (id. 280).

Das Passionsspiel von St. Gallen wurde von Mone, Schausp. d. Mittelalt. I, 51 etc., ausführlich behandelt. Er hält dieses Stück für „ein Beispiel des strengen Stiles" und meint, dafs es dem Verfasser „auf Beibehaltung des kirchlichen Charakters und auf dogmatische Richtigkeit" ankam (id. 54). — Letzteres will ich gern zugeben, ersteres nicht so ganz. Da ich die Darstellung des Verfassers schon besprach, so darf ich hier wohl darauf verweisen. Von dem Alsfelder Passionsspiele war schon sehr häufig die Rede. Wir sahen, dafs es nicht nur die sprachlichen und stilistischen Eigenheiten der Spielmannspoesie zeigt (wie die Osterspiele II. Gruppe) sondern auch dieselben weltlichen, humoristisch-satirischen Scenen, welche der Verfasser sogar noch vermehrt hat; er erinnere nur an den Streit zwischen Judas und den Hohenpriestern über das schlechte Geld (sieh oben s. 50). Dieser Stil war dem Verfasser so eigen, dafs er ihn auch in die Scenen hineintrug, die er aus dem Frankf. P. Sp. und aus epischen Dichtungen abschrieb. Aus seiner Darstellung ergibt sich, dafs er besondere Vorliebe für epische und lyrische Poesie, aber wenig Verständnis für das Dramatische hatte. Wo es nur irgend möglich ist, bringt er lange lyrische Ergüsse, oder läfst lange Reden halten. Wo in früheren Stücken eine Person sprach, da sprechen bei ihm wenigstens 2—4 Personen. Welche unnatürliche, ja widerliche Situationen dadurch entstehen können, sieht man z. B. v. 5566 — 5622. Während nämlich das Annageln Christi an das Kreuz in früheren Stücken kurz erwähnt wird, läfst unser Verfasser 11, sage elf, Personen dabei Rede halten, Nagel für Nagel unter Zwischenpausen einschlagen etc. Ich will noch ein paar Beispiele anführen.

Bevor Judas sich erhängt, nimmt er gebührend in einer langen Rede vom Publikum Abschied, wobei er sich noch einmal gehörig ausflucht, denn er verflucht nicht nur sich selbst, seine Eltern etc., sondern auch Sonne, Mond, die Erde, alle Elemente etc. (3621—67).*) — Als Lazarus gestorben war, erscheint der Tod persönlich auf der Bühne, um ihn zu holen und hält dabei eine entsprechende Ermahnung an das Publikum (2155—2205). Bei der Disputation zwischen Ecclesia und Synagoge 4480—5263 kostet es ihm augenscheinlich Mühe, seinen Redestrom endlich zu hemmen.

Noch mehr Vorliebe hat er, wie schon bemerkt, zu lyrischen Ergüssen, Marienklagen. So kommt es, dafs die Marienklagen allein etwa 700 Verse zählen.

Der Verfasser des Donaueschinger Passionsspieles gehört zu denjenigen, welche mit aller Kraft darnach streben, den gegebenen Stoff einigermafsen originell zu gestalten. Er hat vor allem seine Vorlagen und Quellen dermafsen umgearbeitet, dafs fast ein selbständiges Werk entstand. Leider aber war der Ver-

---

*) Vergl. damit Keller, Nachlese zu den Fastnachtsp. No. 131 Eyn spegel buch. s. 266, 18 ff. — Wackernell, Die ält. Passionsspiele in Tirol 81: die Sterzinger und Pfarrkircher Passion.

fasser durchaus kein gewandter Stilist noch viel weniger ein Dichter. Sein Stil ist einförmig, trocken, steif. Sein Bestreben, die Reime seiner Vorlagen durch eigne zu ersetzen, brachte eine Menge Mifsgeburten zu Tage (welche Mone meistens in den Anmerkungen nachweist). Diese Reimnot übte dann entsprechenden Einflufs auf die Konstruktion des Verses und Satzes. Die Stärke und Eigentümlichkeit des Verfassers beruht demnach nicht auf seinem Stil, sondern darauf, dafs er ein erfinderischer Kopf war, der die traditionellen Formen glücklich erweiterte, indem er

1) mehr weltliche Personen auftreten liefs, einzelne gute Griffe ins volle Menschenleben that, überhaupt mehr Handlung schafft und weniger Reden hält; vgl. z. B. Auftr. 2 (v. 79—126), 3 (v. 139—168, 194—239, 344—388) Auftr. 29. 31 (3043—62), 36 (3820—36, 3849—52) u. a.

2) indem er verschiedene Ereignisse aus dem Leben Christi, welche in den bisherigen Spielen dramatisch dargestellt wurden, wegläfst und durch andere ersetzt, z. B. Auftr. 5. 7. 8. 9. 11. 18;

3) indem er diejenigen Auftritte, welche er mit andern gemein hat, in den Einzelheiten anders durchführt, bald erweitert, bald verkürzt, die Personen etc. anders gruppiert u. s. w. Vgl. Auftr. 1. 2. 6. 12. 14. 22. 23—26. 29 u. a.;

4) indem er den biblischen Text an manchen Stellen mehr heranzieht. Vergl. Auftr. 8. 9. 10. 21. 22. 30;

5) indem er die Mifshandlungen, welche Christus während seiner Leidenszeit zu erdulden hatte, in aller Ausführlichkeit dramatisch darstellt. Vgl. Auftr. 25. 28. 29;

Dadurch zeigt er aber auch, dafs er wenig Geschmack und Takt hatte, denn die Roheiten, welche er auf der Bühne begehen läfst, übersteigen doch alles Mafs und sind eher geeignet, das gemeine Volk zu belustigen, als Mitleid zu erwecken.

Die herkömmlichen humoristischen Scenen hat der Verfasser möglichst vermieden, auch seine Grabwächter sind rohe Landsknechte, keine lustigen Prahlhänse. Eine Geschmacklosigkeit ist es wieder, wenn diese Gesellen am Grabe ein Trinkgelage halten.

Eine besondere Vorliebe hat der Verfasser für den Gebrauch von Fremdwörtern. Mone will daran und an einigen lat. Versen (Mone II, 183) den Geistlichen erkennen. Ich schreibe den übermäfsigen Gebrauch derselben der Reimnot des Dichters zu, weil sie meistens im Reim vorkommen und er vermutlich kein anderes Wort finden konnte, vgl. z. B. v. 104. 190. 521. 601. 623. 927. 1006. 1062. 1219. 1374. 1403. 1534. 1580. 1734. 2155. 2160. 2255. 2353. 3019.

Verzeichnis der behandelten Spiele.

I. Osterspiele.

1. Trierer Osterspiel (Trierer ludus) herausgegeben von Hoffmann von Fallersleben. Fundgruben II, 272 ff. (Handschrift 1372).
2. Innsbrucker Osterspiel, (Christi Auferstehung) herausg. von Mone Altdeutsche Schauspiele 108 ff. (Handschrift 1391).
3. Wiener Osterspiel, herausgogeben von Hoffmann von Fallersleben, Fundgruben II. 297—336 (Handschrift 1472).
4. Wolfenbüttelor Osterspiel, herausgegeben von Schönemann, Der Sündenfall und Marienklage 149—168 (Handschrift 15. Jahrh.).
5. Sterzinger Osterspiel, herausgegeben von A. Pichler, Über das Drama des Mittelalters in Tirol 143 ff. (Handschrift 15. Jahrh.).
6. Erlauer Osterspiel III (visitatio sepulchri etc.), herausgegeben von Kummer, Erlauer Spiele. Sechs altdeutsche Mysterien, nach einer Handschrift des 15. Jahrhunderts. Wien 1882.
7. Erlauer Osterspiel V (ludus Judaeorum circa sepulchrum Christi) Kummer, Erlauer Spiele 125 ff.
8. Redentiner Osterspiel, herausgegeben von Mone, Schauspiele des Mittelalters II, 1—114, Christi Auferstehung. Ettmüller, Dat spil von do upstandinge. (Redentin 1464.)
9. Gundelfingers Grablegung (ludus de resurrectione Christi editus per Math. Gundelfinger), herausgegeben von Mone, Schauspiele des Mittelalters II, 131—150, (Handschrift 1494).

II. Passionsspiele.

10. Benediktbeurer Passionsspiel, herausgegeben v. Hoffmann v. Fallersleben, Fundgruben II, 245—259. (13. Jahrh.)
11. Passionsspiel aus Muri. „Das älteste deutsche Passionsspiel," herausgegeben von K. Bartsch, Germania VIII, 273 ff. (13. Jahrh.)
12. Wiener Passionsspiel = Bruchstück eines Osterspieles aus dem 13. Jahrhundert, herausgegeben von J. Haupt im Archiv für die Geschichte deutscher Sprache und Dichtung, herausgegeben von J. M. Wagner. Wien 1874 s. 359—381.
13. St. Galler Passionsspiel, herausgegeben von Mone, Schauspiele des Mittelalters I, 72—132. (Handschrift 14. Jahrh.)
14. Frankfurter Dirigierrolle im Frankfurtischen Archiv, herausgegeben von Fichard gen. Baur von Eiseneck 131—158 (Handschrift 15. Jahrh. (?); nach Koberstein, Grundriſs 385 aus dem 13. Jahrh).
15. Alsfelder Passionsspiel mit Wörterbuch, herausgegeben von C. W. Grein. Kassel 1874. (Handschrift 15. Jahrh.)
16. Friedberger Passionsspiel, besprochen von W. Weigand, Zeitschrift für deutsches Altertum 7, 545—56. (Handschrift 15. Jahrh.)
17. Donaueschinger Passionsspiel, herausgegeben von Mone, Schauspiele des Mittelalters II, 183—350. (Handschrift 15. Jahrh.)
18. Erlauer Spiel IV, Ludus Mariae Magdalenae in gaudio. Kummer, Erlauer Spiele 95 ff. (Handschrift 15. Jahrh.)

Bei der Behandlung einzelner Scenen wurden auch noch Spiele der folgenden Jahrhunderte zur Vergleichung herangezogen, nämlich:

Egerer Fronleichnamsspiel, herausgegeben von Milchsack. Bibliothek des lit. Vereines zu Stuttgart. Band CLVI, 1881.

Freiburger Passionsspiele des 16. Jahrhunderts, herausgegeben von Dr. E. Martin. Separatabdruck aus der Zeitschrift der historischen Gesellschaft in Freiburg in B. 1872.

Haller Passion = Eine Teufelskomödie „Von Hall 1514", besprochen von A. Pichler in Germania 11, 96—99.

Haller, Pfarrkircher, Sterzinger, Piroler Passion = J. E. Wackernell, die ältesten Passionsspiele in Tirol. Wien 1887. (Wiener Beiträge zur deutschen und englischen Philologie, herausgegeben von Heinzel, Minor, Schipper II. Heft.)

Heidelberger Passionsspiel, herausgegeben von Milchsack, Bibliothek des lit. Vereins zu Stuttgart· Band CL.

Künzelsauer Fronleichnamsspiel vom Jahre 1479, im Auszug mitgeteilt von H. Werner. Germania II, 338 ff.

Mastrichter Passionsspiel = Mittelniederländisches Osterspiel, herausgegeben von J. Zacher in Haupts Zeitschrift 2, 303—350.

Urstend Christi = Ein spil von der urstend Christi, herausgegeben von A. Birlinger in Herrigs Archiv für das Studium der neueren Sprachen und Lit. 39. 367—400.

Zerbster Prozession = Beschreibung einer im Jahre 1507 zu Zerbst aufgeführten Prozession von Fr. Sintenis in Haupts Zeitschrift 2, 276—297.

ferner:

Fastnachtspiele aus dem 15. Jahrhundert, herausgegeben von Keller. Bibliothek des lit. Vereins. Band XXVIII. XXIX. XXX. Nachlese, Band XXXVI.

Lebenslauf.

Ludwig Wirth, Sohn eines Lehrers, wurde am 19. März 1847 zu Bosenbach in der Rheinpfalz geboren, woselbst er auch den Elementarunterricht genofs. Hierauf besuchte er das Gymnasium zu Zweibrücken. Mit dem Maturitätszeugnis entlassen, bezog er die Universitäten Erlangen (1868) und Utrecht (1869—72), um Theologie und neuere Philologie zu studieren. Die Umstände brachten es mit sich, dafs er erst in späteren Jahren zu einem gedeihlichen Studium der Philologie und Litteratur kam, zu welchem Zwecke er auch noch kurze Zeit in Bonn verweilte. Vielseitige Förderung und Anregung bei seinem Studium verdankt er den Herrn Prof. Steinmeyer in Erlangen, Wilmanns in Bonn, besonders Herrn Prof. Galléo in Utrecht, denen er sich zum aufrichtigsten Danke verpflichtet fühlt.

Nachdem er im Mai 1872 das niederländische Staatsexamen für das höhere Schulwesen (M. Onderwys), im November desselben Jahres auch das theolog. Examen in Speier bestanden, wurde er im September zum Lehrer für deutsche Sprache und Litteratur an der höheren Bürgerschule und Generalstabsschule in Breda ernannt, wo er 10 Jahre lang thätig war. Seit 1882 ist er Gymnasiallehrer in Utrecht.